BARBARA SPACHTHOLZ

ATEMTRAINING FÜR JEDERMANN

BARBARA SPACHTHOLZ

ATEMTRAINING FÜR JEDERMANN

Der Schlüssel zu gesundem Umgang mit sich selbst

HEINRICH SCHWAB VERLAG
ARGENBÜHL-EGLOFSTAL

Gesamtherstellung: Allgäuer Zeitungsverlag GmbH, Kempten
Zeichnungen: Christine Hess-Haacke
Printed in Germany
ISBN: 3-7964-0161-9

Inhaltsverzeichnis

Der erste Schritt,

den ganzen Menschen zu erfassen,

ist richtiges Atmen, denn:

Der Mensch ist eine Einheit.

Er ist Körper, Geist und Seele.

Innere Schönheit kommt

in der äußeren Erscheinung zum Ausdruck.

Körperliche Gesundheit

hilft zum Wachstum des inneren Lebens.

Barbara Spachtholz

Vorwort

Haben wir uns schon einmal ernsthaft mit der wichtigsten aller Funktionen, mit dem Atem beschäftigt? Und ist uns schon der Gedanke gekommen, daß ein großer Teil unserer körperlichen und geistigen Störungen auf falscher Atmung beruhen könnten?

Atmen ist Leben; wenn wir nicht atmen, sind wir tot. Solange wir atmen, leben wir. Nicht einmal ein paar Minuten könnten wir es ohne Luft aushalten. Die Luft ist der wichtigste Nährstoff für unser Blut. Alle Funktionen unseres Körpers, von der Verdauung bis zum schöpferischen Denken, beruhen auf der Zufuhr von Sauerstoff, und doch stehen wir der Atmung gewöhnlich mit Gleichgültigkeit gegenüber und schenken ihr nicht die notwendige Beachtung. Wer weiß schon, daß ein paar tiefe bewußte Atemzüge am Morgen nach dem Erwachen genauso wichtig sind wie unser Frühstück? Denn die Nahrung kann nur dann ihren Zweck, die Ernährung des Körpers, richtig erfüllen, wenn sie in gesundes Blut und Gewebe umgewandelt wird.

Und das besorgt der Sauerstoff!

In unserer modernen Zivilisation, die uns durch ihren Leistungsdruck mehr oder weniger verkrampft und verspannt, gibt es kaum Menschen, deren natürliche Atemfunktion voll entwickelt ist.

Wir müssen daher an den Anfang unserer Bemühungen, wieder richtig zu atmen, nicht das Erlernen der Tiefatmung stellen, sondern es geht uns erst einmal darum, den natürlichen Atemrhythmus, mit dem wir auf die Welt gekommen sind, wiederzuentdecken. In einem verkrampften und verspannten Körper können wir nicht richtig atmen. Erst wenn wir den Körper bewußt aufgerichtet haben, seine atmungsfeindliche Fehlhaltung erkannt und beseitigt haben, wird sich der natürliche Atem wieder einstellen. Erst dann kann der lebenspendende Atemstrom seine segensreiche Kraft in uns entfalten.

Die Übungen des Atemtrainings verbessern und kräftigen den Halteapparat des ganzen Körpers. Spezielle Wirbelsäulenübungen, durch richtige Atmung erst sinnvoll, entfalten ihre wohltuende Hilfe auch für viele rückengeschädigte Menschen. Ebenso dienen Tiefatmungsübungen der Stärkung von Nerven, Lunge und Herzmuskel. Eutonisierende Übungen regulieren die Grundspannung im Körper. Leicht zu erlernende Klopf- und Druckmassagen bewirken eine Vertiefung der Körperübungen. Konzentrations- und Bewußtseinsübungen lassen uns den Körper wiederentdecken und bringen uns so ins behagliche Gleichgewicht von Körper, Geist und Seele.

Es ist mir ein wichtiges Anliegen, den Lesern dieses Buches die Erfahrungen zu vermitteln, die ich nach Überwindung einer schweren Krankheit auf der Suche nach einem Schlüssel für Gesundheit und Harmonie machen durfte. Intensive Studien der verschiedensten westlichen und östlichen Entspannungsmethoden bei Lehrern des In- und Auslands sowie der Besuch einer anerkannten Atemschule brachten mir Klarheit und das Erkennen meines Weges.

Wohlbefinden und Gesundheit, Aktivität und Leistungsfähigkeit sind keine Glückssache, ebensowenig sind es Abwehrkraft und Erneuerungsvermögen. Es ist daher eine unbedingte Voraussetzung, mit den gegebenen Kräften sinnvoll umzugehen und unentdeckte Kraftquellen zu erschließen und anzuwenden.

Glücklich macht den Menschen nur körperliche und geistige Aktivität. Deshalb sollte jeder Augenblick zu gesundem Umgang mit sich selbst genutzt werden, um aktiv und bewußt zu leben, hier und jetzt.

Barbara Spachtholz
Yoga-, Atem- und Gymnastiklehrerin

Vom Atem und Atmen

Medizinaldirektor *Dr. O. Hammer*, Bad Nauheim

Von *Paracelsus* (*Theophrastus von Hohenheim*, 1494 bis 1541), dem großen Arzt und Philosophen an der Wende vom Mittelalter zur Neuzeit, ist der markante Satz bekannt: *»Es kann einer eine halbe Sau im Magen haben, wenn er nur den richtigen Atem dazu hat.«*

Im »West-östlichen Diwan« sagt *Goethe* 1819:

> *»Im Atemholen sind zweierlei Gnaden:*
> *Die Luft einziehen, sich ihrer entladen;*
> *jenes bedrängt, dieses erfrischt;*
> *so wunderbar ist das Leben gemischt.*
> *Du, danke Gott, wenn er dich preßt, und*
> *dank' ihm, wenn er dich wieder entläßt.«*

Carl Ludwig Schleich, der 1892 die örtliche Betäubung (Lokalanästhesie) entdeckte und Leiter der chirurgischen Abteilung des Krankenhauses Groß-Lichterfelde war, schrieb in seinem Erinnerungsbuch »Besonnte Vergangenheit« den schönen Satz: *»Seit die Hebamme den Nabelstrang durchschnitten hat, wurde die Lunge zur Plazenta (Mutterkuchen), welche den Menschen an die kosmische Mutter bindet.«*

Wie in unserer Sprache ganz deutlich zum Ausdruck kommt, spielt im täglichen Leben der Atem und das Atmen eine wichtige Rolle: Wir halten »vor Ehrfurcht den Atem an«, aus Angst wagen wir »kaum zu atmen«, wir verfolgen ein Geschehen mit »atemberaubender Spannung« oder sind in »atemloser Aufregung«. Läßt die Spannung nach, so können wir »wieder aufatmen«. Zuweilen geht uns »die Puste aus«. Ich will »wieder frei atmen können«. Wenige nur haben »einen langen Atem«. Wir müssen erst einmal »tief Luft holen« und müssen »uns Luft machen«. Wenn ein Mensch stirbt, so »haucht er seine Seele aus«.

Im Schöpfungsbericht (Genesis) der Bibel lesen wir: »... und Gott blies ihm ein den lebendigen Odem in seine Nase.«

In der Yoga-Philosophie ist *Atman* (das Selbst, das universale Prinzip) sprachlich verwandt mit Atem, als Hauch des *Brahman* (des Göttlichen) zu verstehen (*O. A. Isbert*). Im Sanskrit (Hochsprache für Literatur, Kultur, Kult und Wissenschaft in Alt-Indien, 5. Jahrhundert v. Chr.) bedeutet Atem »Gott in uns«.

Bei der Aussendung der Apostel heißt es im Neuen Testament: »Er hauchte sie an und sprach: Empfanget den heiligen Geist.« *Buddha* (*Siddhartha*, 560–480 v. Chr.), der Begründer des Buddhismus, sagte: »So du zerstreut bist, lerne auf deinen Atem achten.«

Nach der Yoga-Lehre, die eine Wurzel des »Autogenen Trainings« ist, nehmen wir durch das Atmen *Prana* auf, das heißt Energie, Lebenskraft, Bewußtheit, Libido (Triebkraft) und kosmische Universalkräfte, die zur Bildung unserer Wesenheit beitragen.

Naturwissenschaftlich-medizinisch gesehen, ist Atmung Gasaustausch durch das Blut: Aufnahme des Sauerstoffes (O_2) und Abtransport der entstandenen Kohlensäure (CO_2). Durch die Atmung wird Sauerstoff der Luft aufgenommen; er geht mit dem Blutfarbstoff Hämoglobin eine Verbindung ein. Die Farbe des Blutes wird hellrot. Gleichzeitig wird Kohlensäure aus dem Blut an die Außenluft abgegeben. Dieser Vorgang heißt »äußere Atmung«. Die Lungenbläschen (*Alveolen*) geben den eingeatmeten Sauerstoff an das Haargefäßnetz (feinste Blutadern, Kapillarnetz der Alveolen) ab und nehmen dafür die verbrauchte Kohlensäure des Organismus in sich auf; diese wird bei der nächsten Ausatmung exspiriert (ausgeatmet). Aus den Haargefäßen (*Kapillaren*) der Lungenbläschen strömt das nun sauerstoffreiche hellrote Blut durch die Lungenblutadern (Lungenvenen), die aber arterielles Blut enthalten, in den linken Vorhof des Herzens, um dann die Gefäße des großen Kreislaufs über die linke Kammer (linke Ventrikel) zu durchströmen. Durch die Atmung wird der Verbrennungsprozeß (*Oxydation*) in unserem Organismus aufrechterhalten.

Die Atmosphäre enthält ein Fünftel Sauerstoff und vier Fünftel Stickstoff, daneben noch Edelgase und geringe Mengen von Kohlensäure.

Zum Atemapparat gehören die Nase, der Kehlkopf, die Luftröhre, die Bronchien als Luftleitwege und die Lunge. Die Nase ist ein seltsames Gebilde. Von ihr sagt der Volksmund:

»Sie hat die Wurzel oben und die Spitze unten;
Sie hat Flügel und kann nicht fliegen,
und sie läuft und hat keine Beine.«

Die Nase besteht aus einem knöchernen und knorpeligen Gerüst, aus Muskeln, Schleimhaut und Haut. In der Nasenhöhle, die durch ein *Septum* (Scheidewand) getrennt ist, wird die Luft vorgewärmt, angefeuchtet und gereinigt.

Durch das hintere Nasen- und Mundgebiet, den Rachen (*Pharynx*), stehen Nase und Kehlkopf mit den Luftwegen in Verbindung. Hier finden wir die *Tonsillen* (Mandeln), die einen Ring um den Racheneingang bilden und schädliche Luftbestandteile auffangen und vernichten.

Die eingeatmete Luft gelangt vom Rachen in den Kehlkopf (*Larynx*). Dieser schützt die unteren Atmungsorgane vor Fremdkörpern und dient der Stimmerzeugung. Der Kehlkopfeingang kann durch den Kehldeckel abgeschlossen werden. Beim Schlucken ist der Kehldeckel geschlossen, damit keine Speisen in den Kehlkopf und die Luftröhre (*Trachea*) gelangen. Nach unten geht der Kehlkopf in die Luftröhre über, die sich in den linken und rechten Hauptbronchius teilt.

Die Hauptbronchien treten mit den Lungenvenen und mit den Lungenarterien in die Lungenwurzel (*Hilus*) und damit in die Lunge (*Pulmo*) ein. Die Lunge liegt im Brustkorb (*Thorax*) und besteht aus dem linken und rechten Lungenflügel. Die Grundfläche liegt auf dem *Diaphragma* (Zwerchfell) auf; die Lungenspitzen enden oberhalb der Schlüsselbeine in einer Kuppe. Getrennt werden die Lungenflügel durch das Mittelfeld. Die rechte Lunge hat drei Lappen (Oberlappen, Mittellappen, Unterlappen), die linke Lunge hat zwei Lappen (Ober- und Mittellappen). Die Bronchien teilen sich nun in der Lunge weiter auf in kleinste Äste (*Bronchioli*), und die feinsten Bronchien, die sogenannten Endbronchien, sind schon mit den *Alveolen* (Lungenbläschen) besetzt. Die Lungenalveolen sind von einem Netz feinster *Kapillaren* (Blutäderchen) umsponnen, wie ein Ball in einem Netz (Ball=*Alveolen*, Netz=*Kapillaren*).

Der Atemvorgang wird eingeleitet durch einen Impuls aus dem Gehirn, worauf das nach oben gewölbte Zwerchfell sich zusammenzieht. Hierbei senkt es sich nach unten, die Luft mit ihrem Sauerstoff wird angesaugt, das heißt eingeatmet (*Inspiration*). Bei der Einatmung erweitert sich der Brustkorb (*Thorax*) durch Heben der Rippen und durch Vorwölben des Bauches (Bauchatmung). Auch das Einströmen des Blutes in die großen Hohlvenen (*Venae cavae*) in den rechten Vorhof des Herzens wird bei der Einatmung gefördert.

Bei der Ausatmung wird durch Verkleinerung des Brustraums durch das Hochtreten des Zwerchfells und das Einziehen des Bauches die Luft wieder herausgepreßt (*Expiration*). Die Luftbewegung in der Lunge kann man mit dem angelegten Ohr oder mit dem Stethoskop hören.

Bei ruhiger Atmung werden während der Einatmung 500 ml (Milliliter) inspiriert und bei der Ausatmung 500 ml exspiriert. Durch vertiefte Einatmung kann noch zusätzlich 1500 ml Luft aufgenommen werden. Durch verstärktes Ausatmen können noch zusätzlich 1500 ml Reserveluft exspiriert werden. Eine Restluft (Residualluft) von 1200 ml bleibt noch in der Lunge. Bei ruhiger Atmung mit rund sechzehn Atemzügen in der Minute werden etwa acht Liter Luft verbraucht.

Normal soll der Mensch durch die Nase atmen, weil die Atemluft gefiltert, gereinigt, befeuchtet und erwärmt wird. Die gesamte Lungenoberfläche wird von dem Lungenfell (*Pleura*) überzogen. Es ist eine Fortsetzung des Brustfells (*Pleura costalis*), das den Brustkorb auskleidet.

Atmung heißt Leben! Bei *Protozoen* (Einzellern) atmet der ganze Körper. Insekten atmen durch ein System von Luftröhren mit Öffnungen an der Körperoberfläche. Fische atmen durch Kiemen und durch Wasserlungen, in die durch Muskeltätigkeit lufthaltiges Wasser ein- und ausgepumpt wird. Die Atemvolumina des Menschen werden gemessen durch die kleine und große *Spirographie* (Lungenfunktionsanalysen).

Die Lungenfunktion umfaßt:

1. *Ventilation* (Ein- und Ausatmung mit Belüftung der Lungenbläschen/*Alveolen*)
2. *Perfusion* (Blutfluß in der Lunge, Lungendurchblutung)
3. *Diffusion* (Austausch der Atemgase zwischen Luft in den *Alveolen* und im Lungenkapillarblut)
4. Verteilung des Blutflusses und der Atemgase in der Lunge.

Den Alltags-Streß auf ein gesundes Minimum reduzieren lernen

Gerhard Kirchner, Prakt. Psychologe, Psychotherapeut

Der Zivilisationskrankheits-Faktor Nr. 1 ist der Streß. Gemeint ist nicht etwa der Streß innerhalb der Norm, sondern der über der Norm liegende Dys-Streß, welcher, wenn er im Übermaß auf unseren Körper beziehungsweise auf unsere Körperorgane (Herz, Leber, Nieren, Magen usw.) einwirkt, dort Fehlfunktionen auslösen kann.

Wir wissen heute, daß wir ganz ohne Streß nicht leben können. Antriebsschwäche beziehungsweise Antriebslosigkeit, Trägheit, Müdigkeit sowie Krankheit durch Schwächung des Immunsystems könnten mögliche Folgen sein.

Unter dem Begriff »Streß« verstehen wir, genau genommen, nichts anderes als Belastung – durch körperliche, moralische oder geistige Anstrengungen, durch Reize, die bewußt oder unbewußt wahrgenommen, ebenfalls von uns »verarbeitet« werden müssen. Diese Reize lösen die Streß-Mechanismen aus, die im Zwischenhirn lokalisiert sind. Vorwiegend dienen sie der Selbsterhaltung und – in Zusammenarbeit mit den höheren Hirnregionen, die für Fühlen und Denken verantwortlich sind – auch der Persönlichkeitsentfaltung und Selbstverwirklichung.

Würden wir keine Anstöße von innen und außen bekommen, dann würden die guten Anlagen in uns, unsere Gaben und Talente, nicht benutzt werden und nach und nach verkümmern. Streß ist also die Herausforderung, unsere Gaben und Talente zu erhalten und zu entfalten. Selbst die geringste Anstrengung bringt im Organismus eine ganze Reihe von Anpassungsvorgängen (*Adaptionen*) hervor, welche die Leistung überhaupt ermöglichen, sie mit vermehrter Energieerzeugung in den Organen und Körperzellen fundieren, um den erhöhten Energiebedarf laufend zu decken:

Atem- und Herzminutenvolumen nehmen zu, der Blutdruck steigt an, die nervliche Spannung wächst, Betriebsstoffe werden mobilisiert und in Umlauf gesetzt, und eine entsprechende Hormon- und Enzymbildung wird aktiviert.

Es hängt einzig und allein von der Kondition unseres Organismus und der nervlichen Leistungsbereitschaft ab, daß unser Organismus spontan, ohne unseren Willen, angemessen auf Streß antwortet und dafür die passenden Kräfte aufbringt und sich nach einer Verausgabung wieder rasch erholt, das heißt die verbrauchten Kräfte zurückgewinnt. Abhängig ist dies noch zusätzlich von den tragenden und treibenden psychischen Beweggründen, die bei einer Anstrengung mitwirken, sie beeinflussen – entweder erleichternd oder erschwerend.

Motivationen wie: Interesse an der Arbeit, Freude am Können, Wissen und Gestalten sowie Hingabe und Helferwille können unsere Handlungsweisen verstärken, ja sogar beflügeln, so daß wir Hürden fast mühelos nehmen können.

Betrachten wir alle unsere Aufgaben unter diesem Aspekt, so tragen sie den Lohn schon in sich. Optimale Anpassungen in unserem Körper lassen in uns bewußt Kräfte wach werden, die unser Blickfeld, unser Können und Denken erweitern und unser Erleben vertiefen. Dies sind dann positive Streß-Auslöser (*Stressoren*).

Heute versteht man aber unter der Bezeichnung Streß immer mehr den Dys-Streß. Damit sind unzumutbare Belastungen gemeint, die der Gestreßte nicht mehr allein verkraften kann; sie überfordern ihn und machen ihn schließlich krank.

Dys-Streß-Faktoren sind beispielsweise: Zeitnot, Leistungszwang, Rhythmusverschiebungen, Licht- und Lärmüberflutung, psychologische Schwierigkeiten am Arbeitsplatz, Angst, Kummer und Sorgen – alles negative, äußerst energieverzehrende Stressoren, die nicht mehr verarbeitet werden können. Die nervlich-psychische Spannung wird bis ins Unerträgliche gesteigert, wodurch hochtourige Alarmzustände provoziert und fixiert werden, die wiederum funktionelle Entgleisungen mit sich bringen können, wodurch dann die Gesundheit ruiniert und der Mensch innerlich schwer geschädigt werden kann.

Soweit würde es gar nicht erst kommen, wenn wir uns jeden Tag nach der Arbeit einige Minuten (wenn möglich zehn Minuten) der Entspannung, des völligen Abschaltens gönnen würden! Wir können entweder ruhig vor uns hinmeditieren, Autogenes Training anwenden oder bewußt gelenkte Atmung trainieren. Entscheidend bei allem, was wir zu unserer Entspannung tun wollen, ist die genau ausgewählte, individuell auf uns zugeschnittene Übung oder Übungsreihe, die uns ein möglichst schnelles Erfolgserlebnis bringt. Wir dürfen jedoch keine Wunder erwarten und glauben, es geschehe alles schon von selbst. Um dauerhafte Erfolge zu erzielen und zu halten, muß man hart an sich arbeiten, also aktiv und bewußt am eigenen äußeren Erscheinungsbild mitgestalten.

Gerhard Kirchner

Wohlbefinden durch Harmonie in Atmung und Bewegung

Es geht um die selbstverständlichste Sache der Welt: Einatmen – Ausatmen. Tagelang können wir hungern und dürsten, ohne zu sterben. Auch ohne Schlaf können wir längere Zeit auskommen. Wenn wir aber drei Minuten lang nicht atmen, sind wir tot. Denn das Atmen ist die wichtigste Grundfunktion des Lebens.

Leider kommt das Atmen oft zu kurz, während wir in anderen Dingen, zum Beispiel in der Ernährung, manchmal zuviel des Guten tun. Wir haben verlernt, aus unserer eigenen Energiequelle, dem Atem, zu schöpfen, um so das vorhandene Energiepotential zu nutzen. Wenn der Zellenstaat des Körpers wieder ausreichend versorgt wird, werden die schlummernden Energien frei, die notwendig sind, um den Umwelteinflüssen (Streß) zu begegnen, die es uns aber auch ermöglichen, die im Stellenwert so gestiegene Freizeit nach anstrengender und ermüdender Arbeit voll zu nutzen und wieder fit zu werden.

Wir machen fast alle den Fehler, daß wir zu flach atmen. Gerade in der heutigen Zeit, in der Mehr- und Höchstleistungen von uns verlangt werden, in der Unruhe und Unsicherheit alle möglichen Ängste in uns entstehen lassen, ist es wichtig, daß wir uns unserer Atmung wieder bewußt werden und nicht nur oberflächlich und automatisch atmen, sondern mit vollem Bewußtsein unsere gesamte Atemapparatur gebrauchen. Ein Mensch, der nicht richtig atmet, beschneidet die Lebenskraft seines Körpers, und wenn ihm die freie ausreichende Bewegung fehlt, geht das an sein Leben im ganzen.

In der Funktion unserer Atmung besitzen wir indessen ein Mittel, durch das wir uns in allen Lebensgebieten – über den Weg der Bewußtwerdung – erweitern und vervollkommnen können.

Unser lebendiger Körper gehört zu den größten Wunderwerken, die die Natur hervorgebracht hat. Die gleichen Wunder und Rätsel finden wir zwar auch in der kleinsten lebenden Tier- und Pflanzenzelle, aber unser Körper ist das vielfältigste Wunderwerk der organischen Welt, in dem alle natürlichen Vorgänge – Empfindung, Stoffwechsel, Bewegung und Atmung – zu einem harmonischen, einheitlichen Ganzen verschmolzen sind.

Unvernünftige Lebensweise, ungesunde Ernährung, Schlaf- und Bewegungsmangel, falsche Körperhaltung und dadurch bedingte Fehlbelastungen und Fehlhaltungen stören das Wohlbefinden und führen schließlich zu den verschiedensten Erkrankungen im Körper. Wir sollten uns der Tatsache bewußt werden, daß wir selber es sind, die ihren Körper und die richtige Atmung vernachlässigen. In einem verspannten und verkrampften Körper mit vornüberhängenden Schultern und schlaffen Bauch- und Rückenmuskeln kann nicht richtig geatmet werden. Der Gesamtorganismus wird deshalb nur unzureichend mit Sauerstoff versorgt.

Die Folgen davon sind: Schäden am Bewegungsapparat, Kreislaufschwäche, verminderte Zellatmung, mangelnde Konzentrationsfähigkeit, Müdigkeit, Kopfschmerzen, frühzeitiges Erschlaffen der Herzmuskulatur und dergleichen mehr. Besonders die uns oft nicht bewußte schlaffe und passive Körperhaltung verhindert die optimale Atmung, die so wichtig ist, um das harmonische Spannungsgleichgewicht des Körpers zu erhalten.

Das Bewußtmachen des natürlichen Atemvorganges kann nur in einem geraden, aufgerichteten Körper erlebt werden. Dann erst kann zum Beispiel erspürt werden, daß die Ausatmung sehr viel länger dauert als die Einatmung. Das ist besonders zu beachten. Denn wenn wir dem Körper nicht erlauben, richtig auszuatmen, kann die Kohlensäure, die sich bei der Verbrennung im Körper bildet, gar nicht abgegeben werden. Die Blutkörperchen sind also nicht in der Lage, den

Energiespender Sauerstoff aufzunehmen. Vielleicht meinen wir, daß das ganze gesunde, tiefe und richtige Atmen uns in dieser oft so schlechten Luft unserer Umgebung ja doch nichts nütze! Das ist keineswegs so, denn das Atemtraining mit seinen Bewegungsübungen soll uns ja helfen, die Funktionstüchtigkeit der Muskulatur, zum Beispiel der Brustmuskulatur, bis ins hohe Alter zu erhalten und eine vorzeitige Erstarrung des Brustkorbs zu verhindern. Die Funktion des Brustkorbs gleicht der eines Blasebalgs; das tiefe Einatmen und ausgiebige Ausatmen ist nicht in erster Linie eine aktive Leistung der Lunge, sondern der Brustraummuskulatur und des Zwerchfells.

Die Normalisierung der Atmung geschieht auf indirekte Weise durch Lösen der Spannungszonen (körperliche Engpässe), die die Entfaltung der optimalen Atmung verhindern. Spannungen in den Schultern, im Nacken, in der Zwerchfell- und Brustmuskulatur, in der Bauch- und Beckenregion sowie Blockaden im Magen-Darmkanal und auch im Sexualbereich: Sie alle hemmen die normale Atmung. Befreit man diese Spannungszonen durch die Bewegungsübungen des Atemtrainings, normalisiert sich die Atmung sehr schnell, und die Harmonie in Atmung und Bewegung ist wiederhergestellt. Ausreichende und entspannende körperliche Bewegung ist genauso wichtig wie richtige Ernährung und gesunder Schlaf.

Die Bewegungsübungen des Atemtrainings umfassen Haltungen und Bewegungen des arbeitenden, sporttreibenden Menschen im wachen Zustand. Es kommt darauf an, sowohl die Atemtiefe als auch den Atemrhythmus der jeweiligen Leistung anzupassen. Der bei den Übungen bewußt erspürte natürliche Atemrhythmus soll wieder ins Unterbewußte übernommen werden. Damit haben wir die Möglichkeit, mit sparsamstem Krafteinsatz eine Leistungssteigerung für die täglichen Anforderungen des Lebens zu gewährleisten.

Eine weitverbreitete Folge der Bewegungsarmut ist die geistige und körperliche Trägheit und, damit verbunden, die Neigung zum Übergewicht. Heute leben in den hochzivilisierten Ländern mehr als 20 Prozent übergewichtige Menschen mit einer auffallend verkürzten Lebenserwartung.

Natürliche Atmung und richtige Bewegung halten den Menschen wie kein anderes Mittel gesund und leistungsfähig. Wir sehen, wie innig Bewegung und Atmung zusammenhängen; und beide stehen wiederum in enger Wechselbeziehung zu unserem Herzkreislaufsystem.

Der Kreislauf transportiert Sauerstoff und den aus der Nahrung gewonnenen Brennstoff zu den Muskeln, wo sie zur Energiegewinnung verbrannt werden; er sorgt für den Rücktransport der Abfallstoffe und Verbrennungsrückstände zu den Ausscheidungsorganen (Lungen, Nieren, Darm, Haut). Die Pumpe, die für die ständige Zirkulation des Blutstromes im Körper sorgt, ist das Herz. Es ist siebzig bis achtzig Jahre und mehr ohne Unterbrechung, ohne Reinigung, Reparatur oder den Ersatz auch nur des kleinsten Teiles tätig. Es schlägt 100000mal am Tag und pumpt in vierundzwanzig Stunden etwa 10000 Liter Blut durch ein Gefäßsystem von vielen tausend Kilometern Länge. Das Herz-Kreislauf-System ist durch die Lebensform im Industriezeitalter bedroht, vor allem durch mangelnde Bewegung, überreichliche Ernährung, durch Genußmittelmißbrauch und durch Hetze und Leistungsdruck. Jeder zweite Mensch stirbt in den hochzivilisierten Ländern an den Folgen von Herz- und Kreislaufkrankheiten, viele vorzeitig.

So sind die besten Rezepte für die Gesunderhaltung: Harmonie in Atmung und Bewegung, gesunde Ernährung, Mäßigkeit, besser noch Enthaltsamkeit bei Genußgiften und, um den Kräfteverschleiß aufzuhalten, regelmäßiger Ausgleich zwischen körperlicher und nervlicher Spannung und

Entspannung. Zur völligen Entspannung in der Freizeit oder in einer Arbeitspause verhelfen uns die Konzentrations- und Bewußtseinsübungen. Dank der tiefen Entspannung, die aus dem Bewußtwerden des Körpers, des Atems und des Denkvorganges besteht, können innere Unruhe, Streß und Nervenbelastung weitgehend abgebaut werden.

Mit der völligen Hingabe und Selbstbesinnung bei den meditativen Bewußtseinsübungen erwecken wir eine großartige Kraftquelle für Leib und Seele. Gerade in der heutigen Zeit, die unsere Nerven durch Lärm und Überfütterung mit äußeren Reizen strapaziert, sind diese Stille-Übungen besonders wichtig. Sie sind eine Gelegenheit, um wieder zu sich selbst zurückzufinden, um die vorhandenen aber verborgenen Bereiche der körperlichen, geistigen und seelischen Kräfte in sich zu finden, sie ins Bewußtsein zu heben und für die Gesundheit und geistige Entwicklung auszuschöpfen. Dadurch wird die Qualität jeder Arbeit des täglichen Lebens erhöht, ob im Beruf oder in der Freizeit, ob bei Sport oder einer künstlerischen Leistung.

Wege zur Gesundheit und Entspannung gibt es viele, sie müssen nur begangen werden. Das ist keine Geldfrage. Es gehört dazu vor allem der Wille zur Gesundheit und der Mut, manchmal auch gegen den Strom der Zeit zu schwimmen, manches anders zu machen als viele andere. Oft herrscht die Angst, sich lächerlich zu machen, wenn jemand nach der körperlich und geistig gesunden Lebensweise strebt. Haben wir doch Mut dazu! Nur wer sich körperlich und seelisch im Gleichgewicht befindet, wer mit sich und anderen in Harmonie lebt, ist wirklich gesund.

Und das ist keine Frage des Alters! Das Atemtraining, das den jungen Menschen zur Bewußtheit und Reife führen möchte, will und kann auch den gereiften älteren Menschen aktivieren, ja verjüngen. So gewinnen wir selbst dem hohen Alter noch so viele Jahre ab, wie Geist und Seele für echte Lebensfreude noch empfänglich sind.

ATEMTRAINING – was ist das?

Das Grundprinzip des Atemtrainings basiert auf dem einzigartigen Bewegungsprinzip der Eutonie. Durch aktiven oder passiven Druck, beispielsweise der Füße zum Boden, wird über das körpereigene Regulationssystem ein durchgehender Streckreflex ausgelöst, und der Körper richtet sich auf. Man muß nur die richtigen Druckpunkte kennen, um ohne komplizierte Übungen den ganzen Körper aufzurichten. Die Atmung wird voller und tiefer, weil das Zwerchfell nicht mehr in seiner Auf- und Abbewegung behindert wird. Runde Rücken, hängende Schultern, ein eingefallener Brustkorb, schlaffe Bauch- und Lendenmuskeln behindern die Atembewegung des Zwerchfells. Der Körper wird dadurch nur oberflächlich beatmet, und es kommt zu Sauerstoffmangelerscheinungen, die sich in vielfältigen Störungen des Organismus auswirken.

Durch die Prinzipien des Atemtrainings bekommt der Körper die richtige Spannung für alles, was er tun will: für Aktivitäten wie für die Ruhe gleichermaßen. Somit ist für die Ausgeglichenheit im Spannungsverhältnis des Körpers gesorgt. Ist dann der natürliche Atemvorgang wieder bewußt geworden, kann mit Hilfe der Übungen des Atemtrainings die volle Leistungsaktivität angestrebt werden.

Prinzipien, Ziele und Methodik des Atemtrainings

Grundprinzipien:

1. *Atem- und Haltungsschulung*
   Durch spezielle Wirbelsäulenübungen in Verbindung mit ökonomischer Atmung die aufrechte Haltung des Körpers aufbauen und damit Fehlhaltungen abbauen und verhindern.

2. *Lösen der Spannungszonen*

Verspannungen und Verkrampfungen in den Schultern, im Nacken, in der Brustwirbelsäule, in Zwerchfell und Brustmuskulatur, in der Bauch- und Beckenregion sowie Blockaden im Magen-Darmkanal und auch im Sexualbereich durch Atem- und Bewegungsübungen lösen.

3. *Regulierung des hormonellen und nervlichen Gleichgewichtes*

Spezialübungen wie Konzentrations- und Bewußtseinsschulung, Harmonieübungen zur Verbesserung der Drüsentätigkeit tragen dazu bei, das Nervensystem zu beruhigen und das Gleichgewicht im Menschen wiederherzustellen.

Wie man das Atemtraining richtig übt

1. Machen Sie die Übungen an einem ruhigen Ort und tragen Sie dabei leichte und bequeme Kleidung.
2. Vor dem Üben möglichst nichts essen, der Verdauungsvorgang könnte sonst gestört werden.
3. Die Übungen können auch mehrmals wiederholt werden; meiden Sie aber jede Überanstrengung, denn das Erzwingen verursacht erneut Verkrampfung. Halten Sie sich an die Übungsreihenfolge, denn die Übungen sind aufeinander abgestimmt.
4. Das Atemtraining kann bei schwerwiegenden Erkrankungen nicht den Arztbesuch ersetzen.

Kapitel 1

Atmen ist Leben – Bewußtes Atmen schenkt uns ein bewußteres Leben

Wohl bei keinem anderen Lebensvorgang ist die Verbindung von Leib und Seele so deutlich erkennbar wie bei der Atmung. Wahrscheinlich können wir nicht einmal bei uns selbst feststellen, warum wir bei körperlicher Arbeit tiefer atmen. Ist es eine rein mechanische Funktion, die uns zum tieferen Atmen zwingt, oder sind wir ganz einfach innerlich mehr an dieser Arbeit beteiligt? Oder hat uns das Wissen um das, was wir tun wollen, zum tieferen Atmen und damit zu höherer Energieleistung veranlaßt?

Im allgemeinen werden wir uns bei unserem Handeln oder Erleben kaum der Atmung bewußt. Aber erst, wenn wir bewußter darauf achten, können wir erleben, wie schöpferische Gedanken und Gefühle wie Freude und Glücksempfinden unseren Atemvorgang vertiefen und dabei die körperlichen Funktionen ganz vital miteinbeziehen. Gefühle wie Leid engen uns ein, machen uns steif und lassen nichts mehr in uns zu. Wir erstarren innen und außen. Unser Interesse am lebendigen Geschehen in der Familie und an der Welt draußen nimmt ab. Oft stellen sich dann depressive und melancholische Phasen ein.

Das äußere Erscheinungsbild eines solchen Menschen kennen wir: Ängstlich hochgezogene Schultern, Steifheit des Oberkörpers, eingesunkener Brustkorb und schlaffe Bauchmuskeln sind die äußerlich sichtbaren Zeichen. Ein solcher Mensch wird kaum einen tiefen Atemimpuls haben. Seine Atmung ist flach und klein, um nur den allernotwendigsten Betrieb des Organismus aufrechtzuerhalten. Ihm wird alles zu viel. Jede Bewegung, jede Gefühlsregung, das Zusammensein mit anderen Menschen – alles wird zur Last, ja selbst das Atmen. Ein Mensch aber, der nicht tief atmet, beschneidet das Leben seines Körpers.

Finden wir zurück zu unserer echten Lebensvitalität! Regen wir unsere Lebensgeister durch richtiges Atmen wieder an und beleben damit unsere ganze Persönlichkeit! Die innere und äußere Gesundheit wird wiederhergestellt und bestätigt uns in unserer neu erwachten Lebendigkeit.

Doch die beste Atemübung nützt uns nichts, wenn nicht in Ruhe geübt werden kann. Wenn wir uns nicht sammeln können und die im Alltag immer wieder auftretenden Muskelspannungen nicht lösen lernen, blockieren wir uns selbst in unserer Atmung. Dem Atem muß die Möglichkeit gegeben werden, ungehindert durch den Körper zu strömen, um Kreislauf, Herztätigkeit und Stoffwechsel lebendig zu erhalten. Lassen wir uns auch während der Arbeit Augenblicke des Spannungswechsels bewußt werden.

Abspannen – sich sammeln und bewußter atmen lernen

Genießen wir die angenehme Empfindung der Entspannung, und werden wir uns dann der Lockerheit bewußt.

Übung:

Eine kleine vorbereitende Bewußtseinsübung hilft uns, die überflüssigen Spannungen loszuwerden, so daß der Atem ohne Blockade von selbst richtig fließen kann. Wenn wir uns auf körperliche Vorgänge konzentrieren, erzeugen wir eine verstärkte lokale Durchblutung, die Voraussetzung ist für einen gesteigerten Stoffwechsel. Die überflüssigen Muskelspannungen können sich durch die Auswirkung des vertieften Atems lösen.

Ausführung:

Am besten legen wir uns auf den Boden in die Rückenlage. Wenn wir starke Verspannungen im Nacken und in den Schultern haben, legen wir ein kleines Kissen unter den Hinterkopf. Die Arme liegen neben dem Körper und die Beine ganz locker nebeneinander.

Jetzt beginnen wir in Gedanken durch unsere Atemwege zu wandern, durch Nasen- und Rachenraum, Kehle, Luftröhre, den Brustraum, die Bronchienverzweigungen und die sich dehnende und zusammenziehende Lunge.

Die nachfolgende Atemkonzentrationsübung hilft uns, den Alltag abzulegen, uns zu entspannen und neue Energie aufzutanken.

Atem-Konzentrationsübung

Lassen wir zunächst den Atem etwas ruhiger und langsamer werden. Vor allem achten wir jetzt schon auf die Ausatmung. Sie sollte in aller Lockerheit tief und gründlich sein. Ohne Druck und Zwang erwarten wir dann in unserem Unterbauch den Impuls zur Einatmung, das natürliche Heben des Leibes, und nun das Weitwerden des Brustraumes durch das Einströmen der Atemluft. Auch die Luft aufnehmenden Naseninnenräume werden uns bewußter; Gaumen und Zunge liegen locker in der weichen Mundhöhle. Lassen wir dann den Atem mit warmem Hauch durch die Nase ruhig ausströmen. Gleichzeitig spüren wir die Abwärtsbewegung des Brustbeines und der Brustmuskulatur. Der Brustraum wird wieder enger, und die Bauchdecke zieht sich weich zurück. Ein wenig Geduld brauchen wir schon, um den Einatemimpuls im Leib abzuwarten. Wenn wir aber erst einmal gespürt haben, wie wunderbar es ist, so tief atmen zu können und wie sich schon nach einigen Atemzügen innere Ruhe und Gelassenheit einstellen, werden wir gar nicht mehr anders atmen wollen. Hier liegt der Schlüssel zu Gesundheit und Wohlbefinden. Schließen wir unsere Körperräume durch richtiges Atmen weit auf und erwecken so unsere eigene Energiequelle.

Spannungsregulierung*

Übung:

In der Rückenlage zu üben.

Jede Atemübung wollen wir mit der Ausatmung beginnen. Es ist immer noch genügend Luft in der Lunge, die sich ausatmen läßt.

Die Einatmung sollte stets durch die Nase ohne viel Geräusch erfolgen. Tip: Wenn wir im Unterkiefer und der Kehle weich und locker sind, wird die Nase von ganz allein weit und atemdurchlässig.

Außerdem darf unser Ziel nicht das Aufnehmen und Speichern von mehr Luft sein, sondern das Erlangen von mehr Elastizität für die gesamte Atemfunktion. – Auch bei hohen körperlichen und geistigen Anforderungen in streßähnlichen Situationen soll eine Regulation gewährleistet sein.

Nun sollten wir uns geistig (noch ohne Bewegung) auf die Übung vorbereiten. Wir wissen ja jetzt, daß unsere auf unser

*) Abgewandelte Form des progressiven Entspannungstrainings (PET) von E. Jacobsen.

Tun eingestimmten Gedanken den Körper positiv programmieren. Alles wird viel leichter.

Die Übung besteht im kräftigen Anspannen einzelner Körperregionen während der Einatmung und im Entspannen bei der Ausatmung.

Ausführung:

Spannen wir zuerst, dabei einatmend, die Beinmuskeln an. Die Zehen in Richtung Kopf ziehen, die Kniekehlen zum Boden drücken und die Fersen dehnend leicht vom Boden abheben: Von oben nach unten, dabei langsam hauchend durch den Mund ausatmen, Beine und Füße locker wieder entspannen.

Mit der nächsten Einatmung spannen wir die Gesäß- und Bauchmuskeln an. Wir können jetzt versuchen, möglichst ohne Hohlraum aufzuliegen. Die Lendenwirbelsäule sollte Kontakt mit dem Boden haben (wenn es nicht geht, bitte nichts erzwingen; später wird es gehen).

Während der Ausatmung entspannen wir langsam und sorgfältig. Nun den oberen Rücken einatmend anspannen. Wir formen ganz bewußt ein Hohlkreuz und drücken die Schulterblätter zusammen. Hauchend langsam ausatmen und den Rücken breit und bequem wieder auflegen.

Die Arme einatmend anspannen, die Unterarme anwinkeln und an beiden Oberarmen den Bizeps anspannen, die Ellenbogen fest aufsetzen. Hauchend langsam ausatmen, die Arme zurücklegen und die Hände entspannt nach oben öffnen.

Einatmend die Schultern hochziehen und den Kopf nach hinten ziehen, das Kinn nach oben dehnen. Ausatmen, die Schultern und den Kopf sanft auflegen, durch Hinausschieben des Hinterkopfes den Nacken dehnen, das Kinn wird leicht an den Hals gezogen.

Während der nächsten Einatmung ziehen wir das Gesicht ganz klein zusammen (Mund spitzen, Nase kraus ziehen,

Augen zudrücken und die Stirn runzeln) und langsam – nun durch die Nase hauchend ausatmend – entspannen wir uns wieder. Wir atmen nun ganz normal durch die Nase weiter.

Erspüren wir in unserem Gesicht die Harmonie der entspannten Muskeln: Glatte Stirn ohne Falten, zurücksinkende Augen, entspannte Schläfen, erschlaffte Wangen, weiche Lippen, lockerer Unterkiefer, weicher Hals, entspannte Kehle.

Einige Atemzüge lang genießen wir diese angenehme Empfindung der tiefen Entspannung.

Bevor wir uns wieder dem Alltag zuwenden wollen, rekeln wir uns, strecken uns durch und gähnen herzhaft. Nun sind wir wieder gut vorbereitet für unser weiteres Tagesprogramm. Mit zunehmender Geduld und sich vertiefender Selbstwahrnehmung lernen wir, immer besser mit uns umzugehen.

Kapitel 2

Über die verschiedenen Atmungsarten

Nachdem uns nun die Bedeutung des Atems ein wenig mehr ins Bewußtsein gerückt ist und damit auch das Ziel, unseren individuellen dreiteiligen Atemrhythmus zu finden, müssen wir zuerst einmal wissen, welche Atmungsarten es eigentlich gibt.

Wir können auf dreierlei Art atmen:

1. Bauchatmung (Bauch- und Beckenraum)
2. Flankenatmung (Brustraum)
3. Brusthochatmung (Schlüsselbeinraum)

Dabei gibt es wiederum verschiedene Atembewegungsmöglichkeiten:

Im Bauch- und Beckenraum:

1. mit der Ausweitung senkrecht nach unten
2. mit der Ausweitung nach vorn
3. mit der Ausweitung rückwärts

Im Brustraum:

1. mit der Ausweitung nach vorn (Nabel- und Magenregion)
2. mit der Rundumweitung (Flanken, Rücken, Oberbauch)
3. Rücken, oberer Teil der Lendenwirbelsäule
4. Flanken, einzeln rechts oder links

Im Schlüsselbeinraum:

1. Ausweitung im Brustbereich nach vorn
2. Anheben des Schlüsselbeinbereichs nach oben
3. Ausdehnung zwischen den Schulterblättern

Diese Atemformen werden uns durch die zielgerichteten Atemtrainingsübungen im einzelnen noch bewußter werden.

Wir wollen nun die drei Haupt-Atemformen in uns erspüren. Wir können dabei aufrecht sitzen oder eine flache Rükkenlage einnehmen.

Beginnen wir bewußt etwas tiefer auszuatmen. Ein paar Atemzüge lang konzentrieren wir uns auf unser Atmen, bis es ein wenig stiller in uns wird.

Nun legen wir eine Hand auf den Oberbauch und stellen uns vor, wie wir an etwas Schönem riechen. Die Lippen nach innen über die Zähne ziehen, damit die Nase schmal wird. Mehrmals schnuppernd einatmen. Wir werden feststellen, daß unsere auf dem Bauch liegende Hand plötzlich anfängt, sich zu bewegen:

Das ist die natürliche Zwerchfellatmung.

Hier soll es sich bewegen, wenn wir atmen. Hat man dies erst einmal gespürt, kann man die Zwerchfellatmung üben, damit sie wieder zur zweiten Natur wird.

Nun dehnt sich der Leib nicht nur nach vorn aus. Wenn die Hände seitlich an den Brustkorb gelegt werden und zur Vertiefung der Einatmung mit eingezogenen Lippen riechend eingeatmet wird, dehnt sich der Brustkorb zur Seite, die Flanken weiten sich:

Dies ist die Flankenatmung.

Sie belebt die Oberbauchzone und die darin eingelagerten Organe (Magen, Galle, Leber, Nieren und Milz) und befreit das Herz von Druckgefühlen. Während der langsamen Ausatmung achten wir auf die Entspannung der Rippen und Flanken. Wenn nun noch etwas tiefer geatmet wird, kann die Atemwelle im Unterbauch erspürt werden:

Die untere Bauchatmung

läßt sich ebenfalls mit den Händen erspüren. Legen wir dazu eine Hand auf den Unterbauch, unter den Nabel. Wichtigste Voraussetzung ist das Ausatmen. Langsames und gründliches Ausatmen bis der Unterbauch spürbar wird; dann die kleine natürliche Pause vor der Einatmung abwarten, dann können wir beim Einatmen spüren, wie unsere Hand von der Bauchdecke sanft nach vorne bewegt wird und wie die Bauchdecke sich zurückzieht, wenn wir wieder gründlich ausatmen. In diesem Bereich werden die Organe des Beckens angeregt, der gesamte Verdauungstrakt gestärkt und aktiviert.

Und schließlich die Brusthochatmung.

Diese Atmung kennen wir sicherlich, haben sie vielleicht auch schon selbst festgestellt. Alle Arten von Spannungen wie Schreck, Angst, körperliches Unwohlsein, Alltagsbelastungen und Sorgen lassen die Atemmuskulatur leicht verkrampfen; dann wird der Körper nicht mehr durchgängig für den Atemstrom.

Die flache, leichte Atembewegung der Brusthochatmung kann im oberen Brustkorb erspürt werden. Dabei heben sich auch die Schultern und Schlüsselbeine von selbst.

Man glaubt vielleicht, wenn die Schultern hochgezogen würden, bekäme man besonders tief Luft. Das ist nicht so. Erst wenn man gelernt hat, bis zum Unterbauch den Atemstrom durchzulassen, atmet der Körper voll und tief.

Wenn wir uns die drei verschiedenen Atmungsarten noch einmal vergegenwärtigen, können wir feststellen, daß keine als einzige Form ausreicht; aber alle drei sind Bestandteil der Tiefatmung, die wir nach den Übungen, die den Atemfluß harmonisieren, lernen wollen.

Kreislaufstärkende Übungsreihe mit reinigender, sauerstoffanreichernder Wirkung

Diese Übungen wenden wir an bei: Müdigkeit, Konzentrations- und Kreislaufschwächen, Ausatemstörungen. die Lunge wird gründlich durchlüftet, ihre Erlastizität gesteigert und die Funktion des Brustkorbs gestärkt.

Wenn wir bedenken, daß die Elastizität der Lungenfasern schon frühzeitig nachläßt und der Brustkorb durch mangelnde Bewegung vorzeitig erstarrt, so ist es notwendig, die blasebalgartige Funktion des Brustkorbs zu erhalten; denn das tiefe Einatmen und ausgiebige Ausatmen sind keine Leistungen der Lunge, sondern der Brustraummuskulatur und des Zwerchfells.

Übung:

Die folgenden Übungen sind so ausgewählt, daß sie von jedem ausgeführt werden können. Wichtig ist nur die behutsame Ausführung. Jegliche Gewaltanwendung, ein Erzwingen oder Übertreiben schadet nur und engt uns erneut ein. Üben wir darum Geduld mit uns. Gehen wir liebevoll auf den Körper, mit seinen noch vorhandenen Schwächen ein. Dann wird uns der Atem seine Heilkraft erschließen.

Kreislaufübung für den Kopfbereich:

Streckende, dehnende und kreisende Bewegungen mit langsamer stimmloser Ha-Ausatmung. Wir streben die Erwärmung des ganzen Kopfgebietes an.

Ausführung:

Stehend. Die Füße hüftbreit aufstellen. Durch leichten Fußdruck zum Boden bewirken wir die richtige Haltespannung. Nun gut ausatmen.

Mit der Einatmung durch die Nase: Den rechten Arm

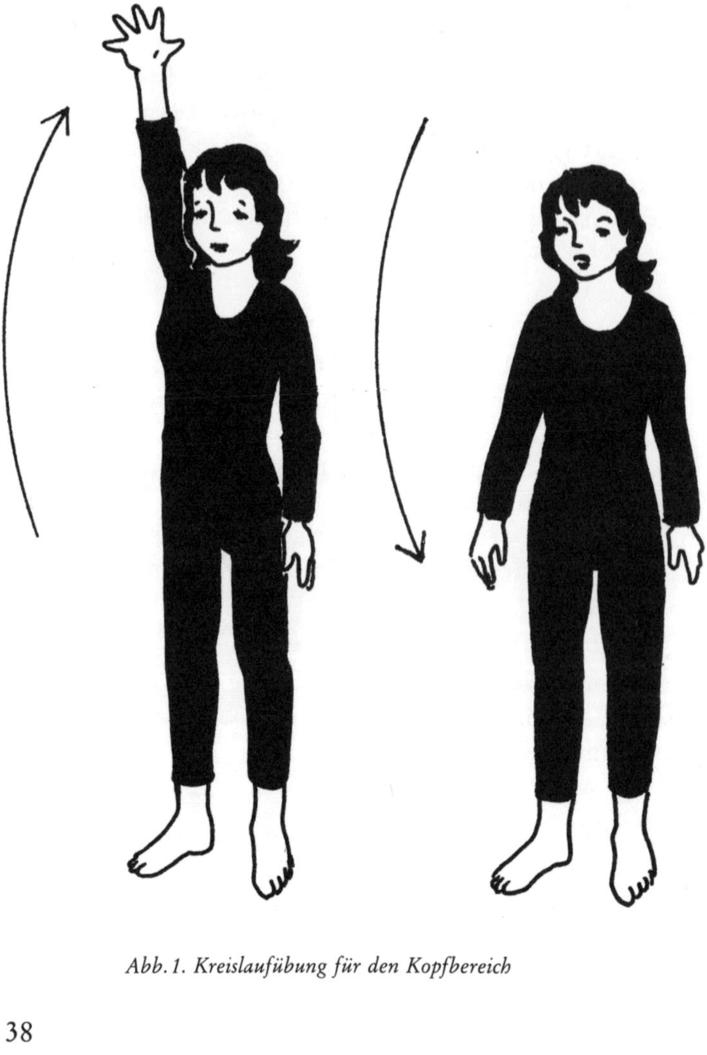

Abb. 1. Kreislaufübung für den Kopfbereich

hoch anheben und ihn dehnend strecken. Fußsohlen nicht abheben.

Mit der Ausatmung: Stimmlos auf »Ha« ausatmen, den mit Spannung bis in die Fingerspitzen gehaltenen Arm senken, den Mund schließen, die Pause abwarten.

Mit der Einatmung durch die Nase: Den linken Arm hoch anheben, ihn dehnend strecken.

Mit der Ausatmung: Stimmlos auf »Ha« ausatmen, den Mund schließen, die Pause abwarten und die Einatmung kommen lassen.

Nach dem gleichen Prinzip dann beide Arme hoch anheben, mit gehaltener Spannung ausatmend »Ha« langsam senken.

Anschließend diesen Übungszyklus wiederholen.

Wichtig: Die Spannung in den Armen bis zur völligen Ausatmung halten. *(Abb. 1)*

Ausatemübungen, die die Elastizität der Atemmuskulatur steigern und den Atemstrom harmonisieren

Die Ausatmung wird intensiver und wirkungsvoller, wenn sie geräuschhaft geübt wird. Durch den Widerstand eines Geräuschlautes wird der Gasaustausch intensiver.

1. Übung:

Wir können in der Rückenlage, im Stehen und Sitzen üben. Wir atmen ruhig, aber hörbar auf die Laute f, pf, z. x, sch langsam aus. Dabei nehmen wir die verengenden und abwärtsziehenden Atembewegungen unseres Brustkorbs wahr. In Ruhe die Atempause und den Einatemimpuls erwarten.

2. Übung:

Während der Einatmung durch die Nase die Arme voll Spannung mit stark gespreizten Händen hochführen, erst rechts, dann links, dann beide. Die Ausatmung erfolgt mit weitgeöffnetem Mund mit stummem »Ah«. Die Arme dabei gespannt bis in die Fingerspitzen langsam senken. In Ruhe die Atempause und den Einatemimpuls erwarten. Die Übung sollten wir öfter wiederholen. Sie löst Spannungen und belebt uns.

3. Übung:

Durch den Geräuschlaut »psch« gebremst, wird die eingeatmete Luft stoßweise entlassen. Dann den Mund schließen, die Atempause und den Impuls zur Einatmung abwarten.

Wirkung:

Die Elastizität der Atmungsorgane wird gefördert und der Atem nach Anstrengungen rasch beruhigt.

4. Übung:

Während der Ausatmung auf »Mmmm« summen. Die Lippen liegen ganz locker aufeinander. Die Fingerspitzen gespreizt am Brustbein aufsetzen und während des Ausatmens vibrieren lassen.

Wirkung:

Unsere Drüsen und Nerven werden sanft stimuliert.

Herrliche Anregung und höchste Erfrischung gibt uns die natürlichste Atemübung: das Gähnen. Es ist Zeichen einer vorübergehenden Mangeldurchblutung unseres Gehirns. Lernen wir darum, bewußt zu gähnen und so Abhilfe zu schaffen.

5. Übung:

Kurz ausatmen, die Arme hochstrecken und sich rekeln, die Lippen locker aufeinander lassen. Einatmend den Unterkiefer weit nach unten ziehen. Laut gähnend (wenn wir wollen, können wir dabei herrlich stöhnen) ausatmen.

Tiefatmung

Tiefatmung heißt bewußtes Atemholen mit allen Atemmuskeln einschließlich des Zwerchfells. TiefeAtemzüge üben auf Herz und Blutkreislauf einen sehr belebenden Einfluß aus. Sie saugen das Blut aus dem rechten Teil des Herzens und erleichtern dessen Arbeit, sie treiben das erneuerte Blut aus der Lunge nach dem linken Teil des Herzens und fördern auch dessen Kraftentfaltung. Mit regelmäßigen und tiefen Atemzügen kann man einen regulierenden, unterstützenden Einfluß auf das Herz ausüben. Ein labiler Kreislauf und allseitige Stauungserscheinungen im Körper werden am besten belebt und behoben durch regelmäßige tiefe Atmungen. Der Kreislauf und die Zellatmung verbessern sich, und sämtliche Organe mit Einschluß des Nervensystems werden besser ernährt. Kreislauf und Atmung stehen in engsten Wechselbeziehungen. Im Atemmechanismus haben wir einen zweiten Motor neben dem Hauptmotor, dem Herzen, der entsprechend eingreifen kann, um dem Herzen seine Arbeit zu erleichtern. Daraus ergibt sich schon der Wert regelmäßiger Atemübungen für die Entlastung und damit für die Verlängerung der Lebensdauer des Herzens. So ist diese unterstützende Funktion des Atemmechanismus besonders für ein erschöpftes Herz sehr wertvoll.

Auch bei Erkrankungen des Atemapparates ist das regelmäßige Atemtraining von großer Heilwirkung. Die Sekretansammlungen werden leichter ausgestoßen, die elastischen Fasern mobilisiert. Die Atemintervalle werden größer, der Brustkorb wird aktiviert und damit ein Starrwerden verhindert. Kraftvoll gesteigerte Tiefatmung bewirkt aber nicht nur beim bereits erkrankten Menschen eine Verbesserung, sondern verhilft auch dem gesunden Menschen zu einer gesteigerten Leistungsaktivität. Es gelangt mehr Blut in die Lungen: die Schlagkraft des Herzens vergrößert sich, und die Vitalkapazität des gesamten Organismus wird erhöht. Die Leistungsfähigkeit nimmt zu.

Die wenigen Minuten, die täglich nötig sind, um diese Übungen auszuführen, sollte eigentlich jeder, auch der Eiligste, für seine Gesundheit übrig haben.

Ausführung:

Am besten übt man in einer aufrechten Sitzhaltung, wobei das Becken und die Wirbelsäule möglichst aufgerichtet sein sollen, um die Tiefatmung nicht zu behindern.

In der Rückenlage übt man in möglichst flacher Wirbelsäulenlagerung; bei Rückenschmerzen können die Knie angezogen und die Füße aufgestellt werden.

Beginnen wir dann mit einer normalen Ausatmung. Die Atempause abwarten. Die Einatmungsphase beginnt mit einem leichten Vorwölben der Bauchdecke, hervorgerufen durch das Absinken des Zwerchfells in die Bauchhöhle, wodurch die Eingeweide nach unten geschoben werden. Die kräftige Ausdehnung der unteren Rippen zur Seite ist die zweite Einatmungsphase (die Flankenatmung). Anschließend werden die oberen Rippen, das Brustbein und die Schlüsselbeine durch den Atemstrom angehoben (Brusthochatmung), so daß der ganze obere Brustkorb ausgedehnt wird. Bei einer richtigen, das heißt natürlichen Einatmung findet also eine Ausdehnung des ganzen Rumpfes, vom tiefsten Punkt des Unterleibs bis zum höchsten Punkt des

Brustkorbs statt. Aber nicht ruckweise in Abschnitten atmen, sondern die rhythmische, wellenförmige Bewegung im ganzen Rumpf gleichzeitig erspüren.

Die Ausatmung kommt zustande durch das Ansteigen des Zwerchfells und somit durch die Verkleinerung des Brustraums. Der Rippenkorb und die Schlüsselbeine senken sich, die Bauchdecke zieht sich zurück, und das Zwerchfell steigt hoch in den Brustraum hinauf. Lassen wir uns dann Zeit bei der Ausatmung und verstärken wir die Ausatmung durch eine leichte Anstrengung der unteren Rippen und Bauchmuskeln, die ganz bewußt noch einmal im Zuge der Ausatmung zusammengezogen werden, um den Brustraum zu verkleinern und die Ausatmung zu steigern. Nach der Ausatmung erwarten wir die Atempause und in ihr den Impuls zur Wiedereinatmung.

In Kurzfassung stellt sich die Tiefatmung wie folgt dar:

Normal ausatmen; Atempause

1. Einatmungsphase = Bauchdecke wölbt sich leicht vor
2. Einatmungsphase = Flanken weiten sich – untere Rippen dehnen sich zur Seite
3. Einatmungsphase = Brustbein und Schlüsselbeine heben sich an.

1. Ausatmungsphase = Brustkorb senkt sich
2. Ausatmungsphase = Flanken werden verengt – Brustraum verkleinert
3. Ausatmungsphase = Bauchdecke wird eingezogen
4. Ausatmungsphase = Atempause.

Nun erfolgt die erneute Einatmung. Jede Verkrampfung oder Übertreibung schadet dem Körper und schließt die tiefe körperliche und nervliche Entspannung, die im Anschluß an die Tiefatmung erfolgt, aus.

Die Tiefatmung sollte bei bereits erkrankten Menschen: (Herzkrankheit, Bluthochdruck, Asthma und so weiter) täglich morgens, mittags, abends drei bis fünf Minuten lang geübt werden. Bei gesunden Menschen empfiehlt es sich, jede kleine Pause im täglichen Geschehen mit bewußter Tiefatmung auszufüllen, um mit neuer Kraft für den Alltag gerüstet zu sein.

Was wir falsch machen können

Damit sich folgende Fehler nicht in unser Atemtraining einschleichen, sollten wir uns immer wieder beobachten:

1. Nicht durch den Mund einatmen!

Wenn nicht ausdrücklich anders angegeben, atmen wir nur durch die Nase ein und aus, da unsere Zwerchfell- und die Nasenfunktion zusammenhängen. Außerdem verhindern wir so das Eindringen von Krankheitskeimen. Das ist wichtig für unser Immunsystem.

2. Bei den Übungen nicht den Atem anhalten!

Bei Anstrengung oder wenn wir uns auf etwas konzentrieren, neigen wir dazu, den Atem anzuhalten. Bei den teilweise recht starken Dehnübungen wäre das Anhalten des Atems falsch. Bemühen wir uns darum, normal, ruhig fließend weiterzuatmen.

3. Das Einatmen nicht überbetonen!

Das Wichtigste ist die Ausatmung; die Einatmungstiefe nimmt dann ganz von selbst zu. Wenn der Schwerpunkt auf der Einatmung liegt, nehmen wir zu viel Luft auf. Das kann zu Krampf und Stauungen führen. Die Lungenbläschen werden überdehnt, und die gestaute Luft kann nicht ausgeatmet werden. Erinnern wir uns immer wieder daran: Ausgiebiges Ausatmen ist die wichtigste Voraussetzung für eine tiefere Einatmung und größeren Sauerstoffgewinn. Die bewußt erlebte Atempause bringt Ruhe und Ausgleich.

4. Nicht die Geduld verlieren!

Wie für alle Dinge des Lebens, die wir gut machen wollen, gilt die Regel: Geduld und Ausdauer. Es dauert seine Zeit, bis wir auch unbewußt wieder richtig atmen. Wenn es uns eines Tages bewußt wird, daß wir mit unseren Füßen viel besser auf dem Boden stehen, unser Gang aufrechter ist, unser Leib sich bei der Atmung wieder bewegt, befinden wir uns auf dem Weg in den harmonischen Spannungsausgleich. Die Bewußtheit des Körpers und der richtigen Atmung erneuert und reinigt uns, fördert unser Wachsein und unsere Konzentration, entspannt uns und schenkt uns Ruhe, stärkt unsere Kraft und unser Leistungsvermögen, verbindet uns innen und außen. Nehmen wir uns die Zeit und üben wir Geduld.

Kapitel 3

Aufrechte Körperhaltung, der Schlüssel zur richtigen Atmung

Wir verbringen sehr viel Zeit in sitzender oder stehender Körperhaltung. Unsere Wirbelsäule ist durch unsere aufrechte Haltung beim Sitzen, Stehen und Gehen einem frühzeitigen Verschleiß ausgesetzt. Jeder Mensch muß daher im Laufe seines Lebens mit einem Bandscheibenschaden rechnen, an der Lendenwirbelsäule eher als an der Halswirbelsäule.

Wir sollten uns bewußt machen, daß wir fast alle zu einer schlechten Haltung neigen, und somit kann es früher oder später zu Fehlhaltungen und Haltungsschäden kommen. Diese falsche Körperhaltung läßt unsere Rückenmuskeln verkümmern und fördert so Verspannungen und Verkrampfungen.

Frühzeitige Bandscheibenschäden und Durchblutungsstörungen an Armen und Beinen sind weitere Folgen. Auch unser Atmungsvorgang ist durch eine zusammengesunkene Haltung stark behindert. Es kann nicht tief und voll geatmet werden, weil das Zwerchfell in seiner auf- und absteigenden Bewegung eingeschränkt ist. Die anregende Massagewirkung der Zwerchfellbewegung auf die Organe der Bauch- und Brusthöhle bleibt also bei einer zu geringen Atemtätigkeit aus. Mangelnde Konzentrationsfähigkeit, Verdauungsstörungen und ein zu schwacher Kreislauf sind weitere Sauerstoffmangelerscheinungen. Wir sehen also, daß sehr viel von einer guten aufrechten Haltung abhängt.

In der nachfolgenden Übung lernen wir, wie wir uns ohne komplizierte Übungsvorgänge besser aufrecht halten können. Haben wir erst einmal unser Becken und unsere Wirbelsäule richtig aufgerichtet, lassen die Verspannungen des Nackens und der Lendenwirbelsäule ganz von allein nach. Das Zwerchfell hat größere Bewegungsfreiheit, und die Atmung ist frei und durchgängig: sie kann sich in allen Atemräumen frei entfalten. Die innere Leistungsbereitschaft des Körpers wird aktiviert. Sie wirkt der Schlaffheit und Müdigkeit, die durch die zusammengesackte Haltung entstehen, entgegen.

Mit einer harmonisch aufgebauten Körperhaltung beim Sitzen, Gehen und Stehen sind wir immer im Spannungsgleichgewicht, sind auf körperliche und geistige Aktivitäten gut vorbereitet und können viel mehr Energie entfalten.

Richtiges Sitzen

Die Füße sollen den Boden fest berühren. Die Rückenlehne sollte nicht benutzt werden. Das Becken wird zu unserem Stuhl, der den Oberkörper und Kopf frei und offen trägt.

Die Füße nicht ganz eng zusammenstellen. Schauen wir unsere Hüften an und stellen wir unsere Füße in Hüftabstand. Achten wir darauf, daß auch die Knie in diesem Abstand bleiben. Nun aktivieren wir den Aufrichtungsreflex des Körpers durch den Widerstandsdruck der Füße zum Boden. Beide Beine gleichzeitig nach vorn in den Boden hineindrücken und die Aufrichtespannung zunächst halten. Spüren wir, wie das Becken aufgerichtet wird? *(Abb. 2)*

Folgen wir dann diesem Aufrichtungsreflex und richten den Körper noch mehr auf; aber achten wir dabei auf unseren Kopf. Er soll frei auf den leicht zurückgenommenen Schultern thronen.

Abb. 2. Richtiges Sitzen

Die Kehlen- und Halsmuskulatur muß ganz entspannt sein, der Nacken lang und leicht gedehnt. Der Kopf schaut stolz geradeaus nach vorn. Bevor wir uns erneut aufrichten, lassen wir den Körper noch einmal richtig hängen.

Spüren wir nun ganz bewußt, wie wir schlaff durchsinken und der Rücken rund wird, der Bauch schiebt sich dabei weich und schwammig vor. Die Schultern hängen nach vorn, Schulter- und Nackenmuskulatur, Schlüsselbeinregion und Halsmuskeln verspannen sich, weil der Kopf bei dieser Körperhaltung meist angehoben werden muß, wenn man etwas ansehen will.

Diese durch die zusammengesackte Körperhaltung bedingte falsche Kopfhaltung belastet die Wirbelsäule um ein Vielfaches und verschleißt sie durch die Fehlbelastung frühzeitig. Beachten wir jetzt in dieser schlaffen Körperhaltung unsere Atmung. Sicher spüren wir, daß diese Haltung zur Kurzatmigkeit zwingt, denn ein richtiges Ein- und Ausatmen bis zum Unterbauch ist nicht möglich. Durch die flache Atmung wird nun der Körper nicht mehr ausreichend mit Sauerstoff versorgt, das Herz bekommt weniger Blut, die Zellatmung und der gesamte Körperkreislauf werden sich bei flacher und oberflächlicher Atmung verschlechtern.

Jetzt, mit diesem Wissen ausgestattet, sollten wir uns erneut bewußt aufrichten.

Zur Übung:

Kontrollieren wir unsere Beine: Füße und Knie sollten den gleichen Abstand haben (ungefähre Hüftbreite). Die Unterschenkel stehen senkrecht. Mit Füßen und Beinen gleichzeitig Druck nach vorn zum Boden geben. Das Becken richtet sich auf, und wir spüren deutlich, wie der Bauch sich zurückzieht und die Bauchmuskeln straffer werden.

Die Wirbelsäule nun weiter nach oben strecken und die Schultern leicht zurücknehmen. Der Kopf wächst nun frei aus den Schultern heraus. Ohne die neugewonnene Größe und aufgerichtete Körperhaltung aufzugeben, entspannen wir uns langsam. Die Wirbelsäule sinkt, ohne daß der Brustkorb dabei einfällt, in sich zusammen. Die Beinmuskeln können sich nun entspannen, nur das Becken bleibt aufgerichtet und stabil, um den oberen Rücken und Kopf frei und leicht zu tragen.

Atmen wir bewußt langsam aus, dann fällt es leichter, sich aufrechtzuhalten und die Muskulatur zu kontrollieren. Man kann spüren, wie nun voll und tief durchgeatmet werden kann. Wir werden bei dieser Körperhaltung sehr bald feststellen, daß unsere Wirbelsäule stabilisiert wird und sich erholen kann. Das freie Atemerleben wird zusätzlich den Wunsch wecken, gar nicht mehr anders sitzen zu wollen. Die Verspannungen des Rückens, besonders der Nacken- und Schultermuskeln, werden sich lösen, die Bauchmuskeln werden gefestigt, die Lendenwirbelsäule stabilisiert. Der Körper gewinnt wieder an Größe und wir somit an äußerem und innerem Selbstvertrauen.

Abb.3. Vom Sitzen aufstehen

Zum aufrechten Stehen und Gehen

Wollen wir nun vom Sitzen aufstehen, geben wir mit den Beinen einen leichten Fußdruck (mehr nach hinten) zum Boden. Mit nur leicht nach vorn geneigtem Oberkörper können wir uns leichter erheben; der Kraftaufwand für den Körper wird geringer. *(Abb. 3)*

Bevor wir nun aufrecht gehen, erinnern wir uns einmal an die Bewegungen von Katzen und Hunden. Wenn sich Tiere aus einer entspannten Haltung erheben, strecken sie zuerst den Körper, um die Wirbelsäule zu mobilisieren. Wir würden komisch aussehen, wenn wir das auch täten. Aber wir können dennoch etwas tun, nämlich mit Fußdruck zum Boden und richtiger Belastung der Beine vom Sitzen aufstehen, im Stehen bewußt das Becken aufrichten, den Rücken straffen, den Brustkorb weiten und die Schultern zurücknehmen. Der Kopf ist frei und leicht. Nun ist die Wirbelsäule ebenfalls aufgerichtet und der Körper gut vorbereitet für das aufrechte Gehen.

Aufrechtes Gehen

Den Boden zuerst mit der Ferse und dann mit dem ganzen Fuß berühren. Jeweils einen leichten Widerstand mit dem Ballen zum Boden geben. Das macht unseren Gang leicht und fließend. Die Beine sollen sich leicht und locker bewegen und in den Knien flexibel sein.

Vielleicht achten wir bei unserem nächsten Spaziergang besser auf unseren Gang. Wir werden dann feststellen können, daß die bewußte aufrechte Körperhaltung eine vollere und tiefere Atmung und auch ein wacheres und bewußteres Erleben der Natur zuläßt.

Haltungsaufbau und Wirbelsäulen-Übungen

Diese Übungen sind hilfreich bei Schmerzzuständen und Erkrankungen des Rückens und der Wirbelsäule.

Die richtige aufrechte Körperhaltung im Stehen, Gehen und Sitzen ist nicht so leicht herzustellen. Es bedarf der täglichen Übung und des Willens, den zusammengesackten Körper immer wieder neu aufzurichten. Ist das Bewußtsein für den aufgerichteten Körper erreicht, wird sich die gute Körperhaltung nicht nur auf den gesamten Organismus positiv auswirken, sondern auch auf die Psyche. In aufrechter Haltung fühlt man sich freier, selbstbewußter, ganz einfach wohl! *(Abb. 4)*

Bewußtes Stehen üben wir vor dem Spiegel, wobei wir uns auch von der Seite anschauen. Die Füße stehen mit kleinem Zwischenraum ungefähr 10 cm parallel nebeneinander. Die Fußspitzen zeigen nach vorn. Greifen wir mit unseren Zehen ein wenig fester in den Boden. Der Körper bekommt so seine aufrechte Haltungsspannung. Nun richtet sich das Becken auf, der Unterbauch zieht sich zurück, und das Gesäß schiebt sich leicht nach vorn. Beobachten wir die Korrektur des Beckens im Spiegel. Dann ziehen wir die Schultern ein wenig nach hinten, um den Brustkorb zu weiten. Die Schultern dabei nicht hochziehen! Die Arme locker hängen lassen und nun mit langem gedehntem Nacken – den Kopf dabei gerade halten – mit dem Schädeldach zur Zimmerdecke streben. Den Atem nicht anhalten; ruhig weiteratmen.

Nun aus den Oberschenkeln langsam die Spannung herauslassen, bis sich das Gefühl einstellt, gerade aufgerichtet zu sein. Während der bewußt langsamen Ausatmung den Körper schlank machen, sich groß fühlen, ihn nicht wieder zusammensacken lassen. Wenn man sich so körperbewußt aufrecht hält, kann die Atmung frei und durchgängig sein und alle Atemräume umfassen.

Abb. 4. Bewußtes Stehen

Versuchen wir, uns bewußt in dieser Haltung zu erspüren und auch zu entspannen, ohne zu erschlaffen – also aufgerichtet bleiben! Um die Haltespannung neu zu aktivieren, geben wir mit den Fußsohlen immer ein wenig Druck auf den Boden. Wir werden uns leichter und entspannter aufrecht halten und mit dieser neu bewußten Körperhaltung auch besser gehen können.

Das bewußte morgendliche Strecken, Dehnen, Rekeln und Gähnen bereitet den ganzen Körper auf das Wach- und Tätigsein vor. Es schafft den Spannungsausgleich vom entspannten, schlaffen Zustand beim Aufwachen zur vitalen körperlichen Bereitschaft für das Tagwerk.

Besonders die nachfolgenden zwei Übungen sorgen für die Mobilmachung der Wirbelsäule und eine gute Stuhlentleerung. Diese Übungen schon im Bett ausführen!

1. Drehübung – Ausführung in Rückenlage

Linken Fuß auf das rechte Knie setzen. Arme etwas ausbreiten. Dehnende Drehung der Hüften nach rechts, linkes Knie weit nach rechts dehnen, sich dabei gut rekeln und dehnen, den Kopf nach links drehen. Die Drehbewegung nach links wiederholen. *(Abb. 5)*

Wirkung: Durchblutet, lockert und entspannt den ganzen Rücken, regt das Nervensystem an, mobilisiert die Wirbelsäule und baut morgendliche Rückenschmerzen ab.

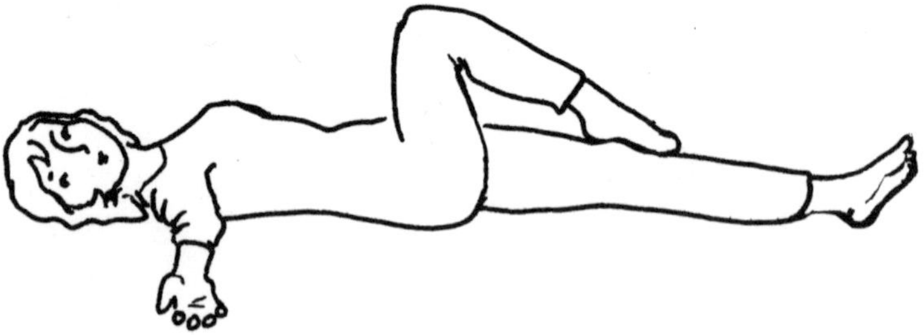

Abb. 5. Drehübung in Rückenlage

2. Beckenübung – Ausführung in Rückenlage

Das rechte Knie an den Bauch heranziehen und mit den Händen umfassen. Einige kräftige und tiefe Atemzüge lang in dieser Stellung verharren. Anschließend das Bein wechseln. Atmungsrichtung ist das Becken. *(Abb. 6)*

Abb. 6. Beckenübung

Wirkung: Stärkung der Nerven im unteren Wirbelsäulenbereich. Aktivierung der Verdauung; wirkt der Verstopfung entgegen.

3. Aufbauende Wirbelsäulenübung – Ausführung: stehend

Füße nahe beieinander; Arme schräg hoch über den Kopf heben, einatmend sich dehnend strecken. Die Stellung so halten. Aufbau beginnen: Gleichzeitiger Druck beider Füße zum Boden. Das Gewicht lastet mehr auf den Fußspitzen und Fußballen. Das Becken aufrichten. Die Fersen auf dem Boden halten; Brustkorb aufrichten, Schultern und Arme leicht zurücknehmen, Kopf geradehalten. Langsam ausatmend die Arme senken, dabei bis zehn zählen. Rücken gerade aufgerichtet lassen. (Diese Übung kann man beliebig oft wiederholen.) Die Ausatmungsphase und das Senken der Arme dann verlangsamen, eventuell bis zu 30–40 Sekunden ausatmen. Die Körpergrenze dabei immer beachten! Nichts überfordern! Die Einatmung wird sich ganz von selbst vertiefen, und die Lunge wird nach und nach kräftiger.

Wirkung: Durchblutungsfördernde Wirkung auf den gesamten Organismus. Kräftigungsübung für den Haltungsapparat. Durchlüftung und Aktivierung der Atmungsorgane.

Abb. 7. Drehübung sitzend

4. Ausgleichende Wirbelsäulen-Übungen

Drehübung – Ausführung: sitzend oder stehend

Stuhlsitz, ausatmend Druck mit den Füßen gegen den Boden geben. Unterbauch strafft sich, das Becken kann sich aufrichten; einatmend den Oberkörper strecken, die Arme seitwärts anheben; langsam ausatmen, den Oberkörper und Kopf nach rechts drehen, einatmend zur Mitte und ausatmend sich nach links drehen, die Arme ausgestreckt lassen. Einatmend wieder nach vorn, die Arme senken und entspannen. *(Abb. 7)*

Wirkung: Stärkende, ausgleichende und wohltuende Übung für den Rücken. Hilfe für viele rückengeschädigte Menschen, regt außerdem das Nervensystem an.

5. Rückenentspannende Sitzübung – Ausführung: sitzend

Stuhlsitz. Knie etwas auseinandernehmen; Füße nur leicht nach außen stellen. Knie und Füße sollten senkrecht übereinanderstehen. Nun etwas Fußdruck zum Boden, damit das Becken sich aufrichten kann. Den Oberkörper nun vorneigen. Die Ellenbogen auf die Knie setzen, das Kinn in beide Hände stützen oder die Unterarme auf die Knie legen, den Rücken weich durchsinken lassen, die Augen schließen und ganz entspannt atmen, sich ausruhen und dabei die tiefe, freie Atmung im Bauchraum erleben. *(Abb. 8)*

Abb. 8. Rückenspannende Sitzübung

Kapitel 4

Lösen der spezifischen Spannungszonen Entspannung von Nacken und Schultermuskeln

Verspannungen und Verkrampfungen in den Schultern, im Nacken und in der Brustwirbelsäule schaffen in uns einen Atemengpaß. Verspannung und Steifheit der Muskeln sind sogar oft vorhanden, ohne daß wir davon wissen. Meistens jedoch spüren wir durch Schmerzen in diesen Zonen, daß hier etwas nicht in Ordnung ist.

Durch einseitige Tätigkeit am Arbeitsplatz, Bürotätigkeit, Fließbandarbeit, durch die beliebte Handarbeit wie Stricken, Häkeln und so weiter entwickeln wir eine Fehlhaltung des oberen Rückens. Die Halswirbelsäule wird stark beansprucht und unterliegt oft frühzeitigem Verschleiß. Es melden sich Schmerzen an, die über den ganzen Schultergürtel bis in die Arme ausstrahlen und uns in der freien Bewegung des Oberkörpers und der Arme hindern.

Selbst wenn Verkrampfungen durch Heilbehandlung wie Massagen oder Fangopackungen gelöst und wir für einige Zeit Ruhe haben und schmerzfrei sind, so bleibt dieser Zustand nur so lange erhalten, bis sich unsere Fehlhaltung wieder durchgesetzt hat. Daraus können wir ersehen, daß eine solche ausschließliche Schmerzbehandlung eigentlich keinen Zweck hat. Wir müssen die Ursache erkennen und dann versuchen, sie zu beheben. Nur wenn wir um die Fehlspannungen wissen, können wir sie lösen.

Die Wirkungsweisen der Schulter und Nackenübungen sind vielseitig und tief eingreifend, da die Wirbelsäule und damit auch die vegetativen Nervenstränge erreicht werden. Diese wiederum versorgen unsere inneren Organe wie Herz, Lunge, Magen und Leber, eventuell auch den Darm, mit

Reizen. Auch Kreislauf, Atmung, Wärmeregulierung und Stoffwechsel werden durch die Nervenzentren des verlängerten Rückenmarks angesprochen. Übungen für die Nakken und Schultermuskulatur helfen uns, Verspannungen abzubauen und Rückenschmerzen zu vermeiden.

Strecküburg; sitzend oder stehend

Ausführung: Die Arme hoch über den Kopf strecken, mit der Einatmung Arme und Oberkörper noch mehr nach oben dehnen. Während des langsamen Ausatmens, die Arme angehoben, den Oberkörper aufrecht halten, nur die Schultern entspannt senken. Dreimal wiederholen. Oberkörper immer aufrecht halten.

Wirkung: Mobilisierung der Wirbelsäule; vergrößert die Zwischenwirbelräume. Hilfe bei Bandscheibenschäden; verbessert die Haltung.

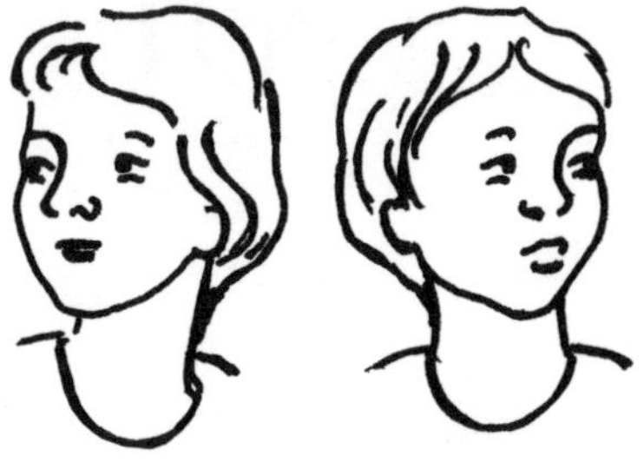

Abb. 9. Kopfübung

Kopfübung; sitzend oder stehend *(Abb. 9)*

Ausführung: Ohne den Oberkörper mitzubewegen, mehrmalige langsame Kopfdrehung nach rechts und links im Atemrhythmus.

Wirkung: Lockert und löst verspannte Nacken- und Schultermuskeln. Wirksame Hilfe bei Kopfschmerzen und steifem Hals.

Abb. 10. Kopfseitbeugeübung

Kopfseitbeuge-Übung

Ausführung: Aufrecht stehen, rechten Arm über den Kopf legen, das linke Ohr fassen, Oberkörper seitwärts nach rechts beugen. Mit dem linken Fuß Druck zum Boden geben. Die Flankendehnung verstärkt sich durch den Streckreflex. Übung nach links wiederholen. Jeweils dreißig Sekunden halten; dabei entspannte Tiefatmung: Bauch-, Flanken-Brustatmung. Langsames Ausatmen. *(Abb. 10)*

Wirkung: Fördert die Beweglichkeit der Halswirbelsäule, lindert Kopf- und Nackenschmerzen.

Brustdehnung mit angewinkelten Armen *(Abb. 11)*

Ausführung: Aufrecht stehen. Arme seitlich in Schulterhöhe anheben. Unterarme nach oben anwinkeln. Schulterblätter zusammenpressen, Brustkorb weiten. Die Übung mindestens dreißig Sekunden halten; dabei entspannte Tiefatmung.

Wirkung: Dehnt die Brustmuskulatur, lockert und entspannt den Nacken und kräftigt den Bereich der Brustwirbelsäule.

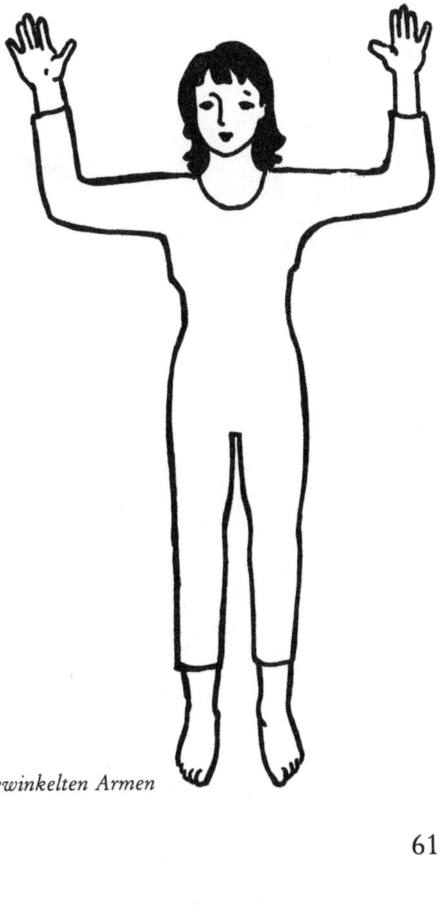

Abb. 11. Brustdehnung mit angewinkelten Armen

Abb. 12. Brustkorbentspannung durch Rückendehnung

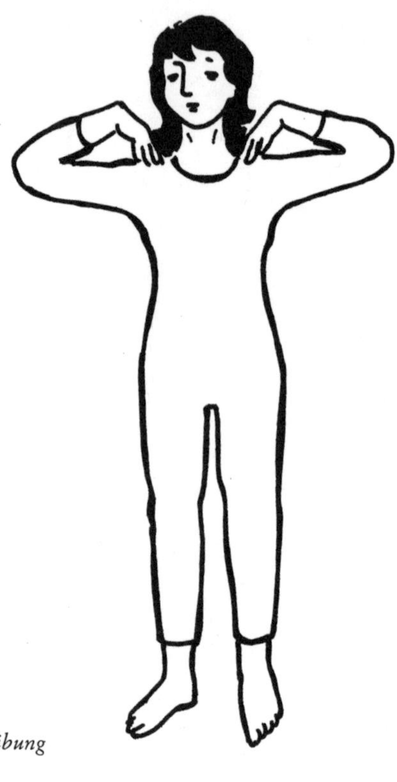

Abb. 13. Schulterlockerungsübung

Brustkorbentspannung durch Rückendehnung *(Abb. 12)*

Ausführung: Aufrecht stehen. Arme in Schulterhöhe ausbreiten, dann nach vorne über der Brust verschränken, sich umarmen, Hände auf die Schulterblätter legen. Kopf nach vorn senken. Die Übung dreißig Sekunden halten, dabei entspannte Tiefatmung: Bauch-, Flanken- und Brusthochatmung. Langsames und gründliches Ausatmen.

Wirkung: Allgemeine Verspannungen und Verkrampfungen der Atemmuskulatur werden gelöst. Hilfreich bei Migräne.

Schulterlockerungsübung *(Abb. 13)*

Ausführung: sitzend oder stehend, Fingerspitzen auf die Schultern legen, langsames, mehrmaliges Kreisen der Arme: Vor- und Zurückkreisen.

Wirkung: Fördert die Beweglichkeit der Schultern und lockert die Nackenmuskulatur.

Kapitel 5

Lockerung der Zwischenrippenmuskulatur und Durchlüftung der Lunge – Klopf- und Massageübungen

Unsere Atmungsorgane werden unter der zunehmenden Umweltbelastung durch die Luft – wie Staub, chemische Schadstoffe, Viren usw. – stark beeinträchtigt. Es würde uns guttun, mindestens einmal am Tag die Reinigungsmechanismen der Atemwege zu unterstützen. Die Klopfübungen für die Nacken-, Schulter- und Brustkorbmuskulatur helfen uns dabei. Sie bewirken eine gründliche Lockerung in der Zwischenrippenmuskulatur. Sie fördern die vertiefte Einatmung und weiten somit die Bronchien. Die angesammelten Sekrete können dann leichter abgehustet werden. Die Durchblutung des Brustkorbs wird gefördert und der Kreislauf angeregt. Die Lunge gewinnt durch diese Klopfübungen an Kraft und Stärke. Wir fühlen uns nach diesen Übungen frisch und angeregt. Nur eines sollten wir beachten: es soll uns guttun und nicht wehtun. Gehen wir sanft mit uns um, damit wir hinterher ein angenehmes Empfinden haben.

1. Übung: Das Beklopfen und Massieren von Nacken und Schultern

Die Arme hoch anheben und mit lockeren Fäusten rückwärts abwechselnd die Nackenmuskeln abklopfen. Den Atem dabei ruhig durch die Nase ausströmen lassen.

Von vorn mit der rechten Faust links die Schulter abklopfen und dann mit der linken Faust die rechte Schulter. Je nach Verträglichkeit dies ein paarmal wiederholen. Während der Übung soll ganz natürlich weitergeatmet werden; nur die Ausatmung sollte etwas gründlicher sein. Die Einatmung wird sich dann ganz von selbst vertiefen.

Zur sanften Massage im Nackenbereich beide Handrükken neben die Ohren legen, leicht die Fäuste ballen und mit mäßigem Druck – Finger und Handknöchel auf- und abwärtsbewegend – den Nacken und die Halswirbelsäule sanft massieren. Auch ein leichtes Auf- und Abdrücken und Kreisen mit den Fingerspitzen neben der Halswirbelsäule stimuliert den Kopfbereich und ist hilfreich.

2. Übung: Den Brustkorb beklopfen

Mit leichten Fäusten oder mit flachen Händen unterhalb des Schlüsselbeins den Brustkorb, ebenso seitlich unterhalb der Brust die Flanken abklopfen. Mit etwas Schwung die Arme rückwärts führen und mit den Fäusten den Rücken unter den Schulterblättern abklopfen. Wenn man den Oberkörper leicht nach vorn neigt, ist die Übung leichter. Man kann mit beiden Händen zugleich oder abwechselnd klopfen.

3. Übung: Partner-Übung: Klopfmassage des oberen Rükkens

Ein Partner setzt sich auf einen Stuhl oder, noch besser, auf einen Hocker, die Hände locker auf die Oberschenkel oder in den Schoß gelegt. Der klopfende Partner bildet mit seinen Händen »Pfötchen«, das heißt, die Fingerspitzen dicht zusammenhalten (Daumen- und Zeigefingerkuppe berühren sich). Während des Abklopfens der gesamten Rükkenpartie sollten die Hände so gehalten werden. Beginnen Sie mit dem Klopfen auf die rechte, dann zur linken Schulter und über die Schulterblätter wieder nach rechts; dabei den seitlichen Rippenkorb mit abklopfen. Vorsichtig ein wenig tiefer klopfen, den Nierenbereich auslassen. Je nach Verträglichkeit beim Partner leicht oder stärker klopfen. *(Abb. 14)*

Nehmen Sie sich genügend Zeit für diese Übung! Ein freieres und leichteres Atmen wird sich einstellen. Man fühlt sich wohltuend angeregt.

Wirkung: Diese Übung trägt dazu bei, die Spannungsschmerzen in der Halswirbelsäule und in der Lendenwirbelsäule zu lindern. Durch das Massieren dieser besonders schmerzhaften Körperzonen unterstützen wir die Durchblutung des Gewebes, wir regen den Stoffwechsel an und fördern so die Heilung in den betroffenen Gebieten.

So werden die vielfältigen Wirkungen der Schulter-Nakkenübungen und auch die stärkenden Übungen für die Lendenwirbelsäule durch die Massageübungen ideal ergänzt.

Die Streichungen oder sanft drückenden Bewegungen der Hände und Finger üben einen wohltuenden Einfluß auf unser Allgemeinbefinden aus. Das geschieht durch die Vermittlung unserer feinen Nervenendungen in der Haut. Sie werden positiv stimuliert und tragen somit ebenfalls zur Harmonisierung von Körper, Geist und Seele bei.

Wenn wir uns nun mit unserem eigenen Körper in harmonischem Gleichgewicht fühlen, dann sollten wir darauf bedacht sein, dem Partner ein gleiches zu geben. Er wird es meist dankbar annehmen und auch zur Massage bereit sein. So schaffen wir uns eine angenehme Atmosphäre, in der wir den Partner vielleicht ganz neu wiederentdecken können. Liebe und Zärtlichkeit werden oft im Laufe der Zeit schwächer. Die gegenseitige Massage bietet eine Möglichkeit, sich selbst und den Partner neu zu entdecken, das harmonische, friedliche Zusammenleben zu vertiefen.

4. Übung: Anleitung zur Selbstmassage

Die Massage des Lendenwirbelsäulenbereichs läßt sich sowohl allein als auch als Partnerübung durchführen.

Man kann in verschiedenen Sitzhaltungen massieren. Auf einem Hocker oder Stuhl sitzend, möglichst vorn auf der Kante, im Kniestand oder auf den Fersen sitzend, mit vorgeneigtem Oberkörper, den Kopf dabei mit dem Scheitel auf den Boden legen. Diese Stellung bewirkt zugleich eine kräftige Durchblutung des Kopfes und eine Anregung der Kopf-

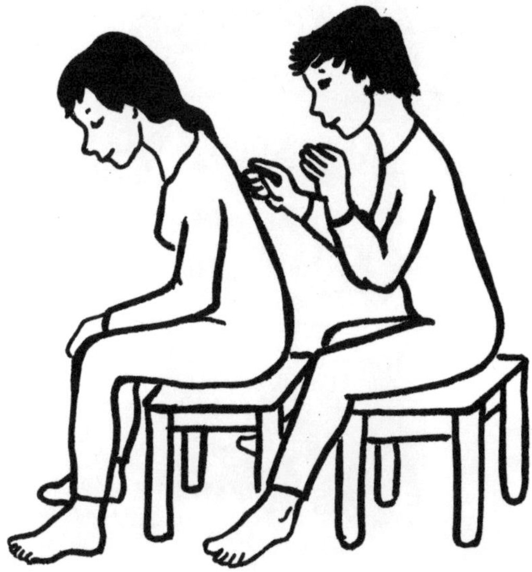

Abb. 14.
Partnerübung:
Klopfmassage

drüsen und Nerven. (Bei hohem Blutdruck darf diese Stellung aber nicht ausgeführt werden!)

Die Hände zu Fäusten ballen und sie auf dem Rücken oberhalb der Gesäßhälften zusammenlegen. Die Fingerknöchel berühren sich, und die Handknöchel liegen fest neben der Wirbelsäule auf. Mit mäßigem bis festem Druck die Fäuste an der Wirbelsäule hochschieben, wenn möglich bis zur Brustwirbelsäule. Die Fingerknöchel bleiben dabei fest in Kontakt miteinander. Nun wieder nach unten schieben. Dicht an der Gesäßfalte die Fäuste nun weit dehnend auseinanderziehen und wieder zusammenschieben. Erneutes Auf- und Abwärtsschieben der Fäuste und seitwärts dehnen; dies

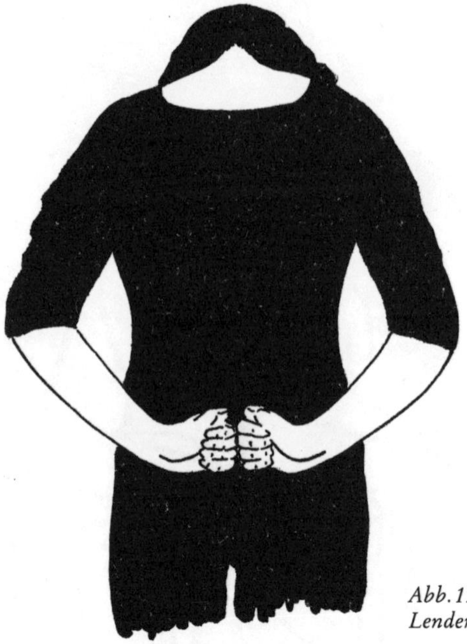

Abb. 15. Selbstmassage des Lendenwirbelsäulenbereichs

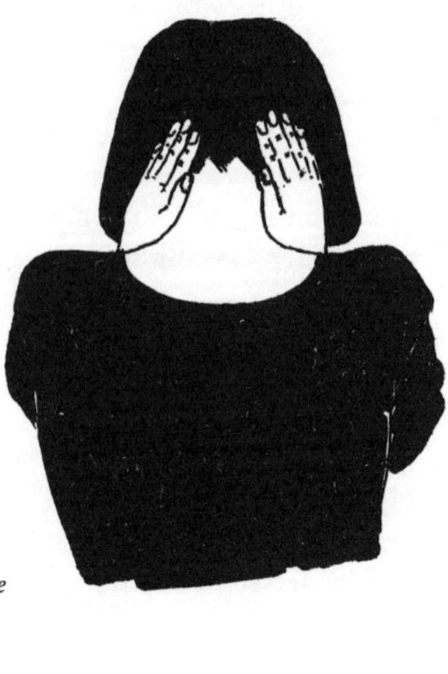

Abb. 16. Lockerung der Halswirbelsäule

immer ein wenig höher durchführen; solange, wie wir uns dabei wohlfühlen. *(Abb. 15)*

Ist der ganze Bereich der Lendenwirbelsäule gut massiert worden, kann erneut von unten nach oben begonnen werden.

5. Übung: Lendenwirbelsäulenmassage als Partner-Übung

Der Partner, der massiert werden möchte, befindet sich in der Bauchlage. Die Arme liegen entspannt neben dem Körper, die Stirn wird aufgesetzt oder der Kopf seitwärts gedreht. Zum Massieren legen wir dann die Fäuste nebeneinander oberhalb der Gesäßfalte des Partners auf. Finger- und Handknöchel aufliegen lassen. Mit mäßigem bis festem Druck – je nach Verträglichkeit des Partners – die Fäuste an der Lendenwirbelsäule auf und abwärts schieben und dann seitwärts auseinander dehnen, bis der ganze Bereich der Lendenwirbelsäule warm und gut durchblutet ist.

Die gleiche Massage kann auch angewendet werden, wenn der Partner sich im Fersensitz mit vorgeneigtem Oberkörper befindet. Sein Kopf ruht mit der Stirn auf seinen aufrecht stehenden, übereinandergelegten Fäusten.

Wenn Ihrem Partner diese Massage gut tut, gönnen Sie ihm diese Wohltat öfter. Er wird Ihnen dankbar sein.

6. Übung: Entspannung und Lockerung im Bereich der Halswirbelsäule *(Abb. 16)*

Bei durch Fehlhaltung und Fehlbelastung ausgelösten Beschwerden in der Genickzone – verstärkt durch unsere sprichwörtliche Hartnäckigkeit – können wir mit massierenden Hand- und Fingerstreichungen Linderung schaffen. Wir legen dazu die Hände im Nacken neben der Halswirbelsäule auf, die Fingerspitzen in Richtung Kopf. Nun führen wir die Fingerkuppen mit mäßigem Druck abwärts bis zum Schulterrand. Beim Aufwärtsschieben versuchen wir, das Hinterhaupt durch den Druck der Fingerspitzen ein wenig höher zu schieben, um den Nacken zu dehnen. Den Kopf halten wir möglichst gerade, nur das Gesicht senkt sich ein wenig, weil das Kinn leicht an den Hals gezogen wird. Das massierende Auf- und Abwärtsbewegen der Finger beliebig lange durchführen. Vielleicht finden wir ein paar schmerzhafte Druckpunkte, die wir ein wenig länger sanft bearbeiten sollten. Das steigert die Durchblutung und löst Verspannungen.

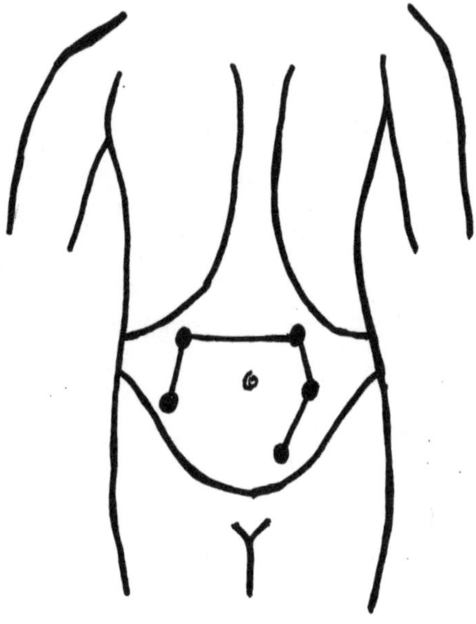

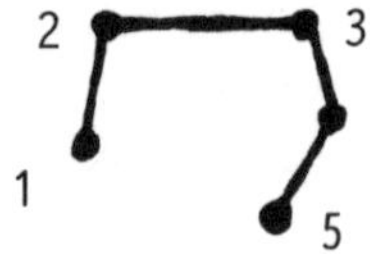

Abb. 17. Bauchdecken-Massagepunkte

7. Übung: Bauchdeckenmassage

Die Bauchdeckenmassage nimmt im Rahmen der Selbstmassageübungen eine besonders wichtige Stellung ein. Sie pflegt die Bauchdecke, hält sie weich und geschmeidig und stimuliert den gesamten Verdauungstrakt. Die Anwendung auf nackter Haut sollte abends, kurz vor dem Schlafen oder morgens nach dem Aufwachen im Bett erfolgen.

Die Handstellung: Beide Hände mit den Handflächen nach unten übereinandergelegt. Die Fingerspitzen ebenfalls nach unten gerichtet, zusammenhalten. Mit den Fingern dann leichten bis mäßigen Druck, je nach Verträglichkeit, auf die in der Zeichnung angegebenen Punkte ausüben. Wir atmen mit tiefer Bauchatmung. Dann legen wir die nach unten zeigenden Hände auf den untersten Punkt 1. Mit den Fingern den Punkt nach Verträglichkeit eindrücken, dabei ausatmen. Einatmend den Druck loslassen und die Hände zum Punkt 2 ziehen. Ausatmend Punkt 2 eindrücken. Einatmend (dabei die Bauchdecke durch die Atemwelle hochkommen lassen) Druck lösen, zu Punkt 3 ziehen. Ausatmend Punkt 3 eindrücken. Einatmend Druck lösen. Hände zu Punkt 4 ziehen. Ausatmend Punkt 4 drücken. Einatmend Druck lösen, Hände zu Punkt 5 ziehen. Ausatmend Punkt 5 drücken. Einatmend Druck lösen. Erneut auf Punkt 1 beginnen. Diese Massageübung kann dreimal wiederholt werden. *(Abb. 17)*

Wirkung: Angezeigt bei allgemeiner Verdauungsschwäche und schwacher Zwerchfelltätigkeit, bei Verspannungen, Verkrampfungen im Unterbauch. Entspannt den Darm.

Kapitel 6

Korrektur- und Kräftigungsübungen für Lenden-, Bauch- und Brustmuskulatur

Die folgenden Übungen werden bei Leuten mit geschwächter Wirbelsäule, die von Rückenschmerzen geplagt werden, weil sie ein Hohlkreuz haben oder an zu schwachen Bauch- und Rückenmuskeln leiden, bei Rundrücken und zu schwachen Brustmuskeln, kräftigend wirken und sehr hilfreich sein. Für diese Übungen benötigen wir einen Stuhl oder einen Hocker.

1. Übung: Grundübung

Ausführung: Rückenlage, die Füße und Unterschenkel auf den Stuhlsitz legen. (Bei Neigung zu Krampfadern eventuell nur die Füße auflegen.) Durch Andrücken der Unterschenkel gegen den Stuhl wird das Becken vom Boden abgehoben. Langsames Zurücklegen des Beckens. Erneutes Andrücken der Unterschenkel, das Becken wieder abheben, die Druckspannung nun halten und das Becken noch höher heben. Nun kann tief im Beckenraum die Atembewegung erspürt werden. *(Abb. 18)*

Durch langsames Hinlegen des Rückens, Wirbel um Wirbel, und unter Anspannung der Bauchmuskeln geht es zurück in die Rückenlage und in die völlige Entspannung. Vielleicht spüren wir nun, daß der Rücken besser aufliegt und vorher bestehende Hohlräume etwas ausgeglichen sind.

Wiederholen wir das Anheben des Beckens und des oberen Rückens drei- bis fünfmal.

Wichtig ist das bewußt langsame Zurücklegen des Rükkens. Um ihn besonders gut aufzulegen, versuchen wir es einmal in einer besonderen Art und Weise:

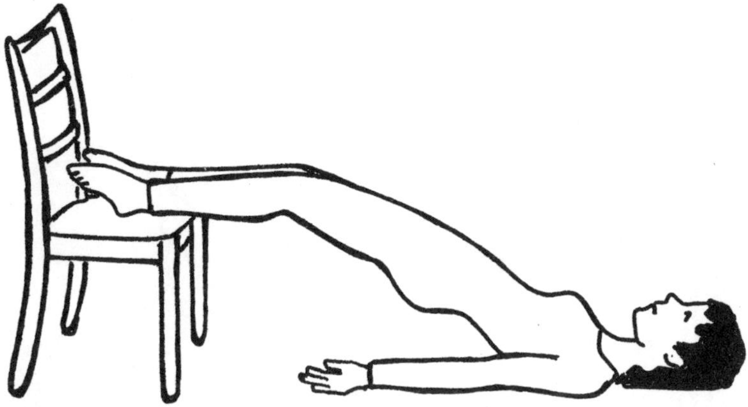

Abb. 18. Rückenausgleichsübung in Rückenlage (mit Stuhl): Grundübung

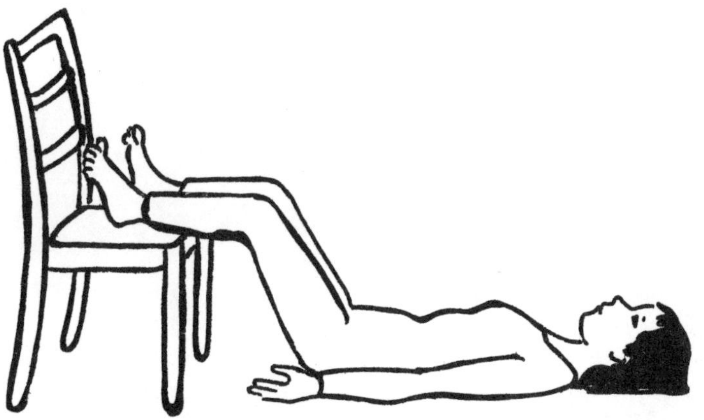

Abb. 19. Rückenausgleichsübung in Rückenlage (mit Stuhl): Grundübung

Die Brustwirbelsäule im Bereich der Schulterblätter legt sich besonders flach auf, wenn wir unsere Schlüsselbeine und das Brustbein nach unten (bauchwärts) ziehen.

Die Lendenwirbelsäule können wir nur dann ganz breit und flach auflegen, wenn wir lernen, den Bereich des Magens und Nabels in die Bauchhöhlung zurückzuziehen, und das Becken dabei noch etwas angehobener halten. Dann legen wir den ganzen Rücken auf. *(Abb. 19)*

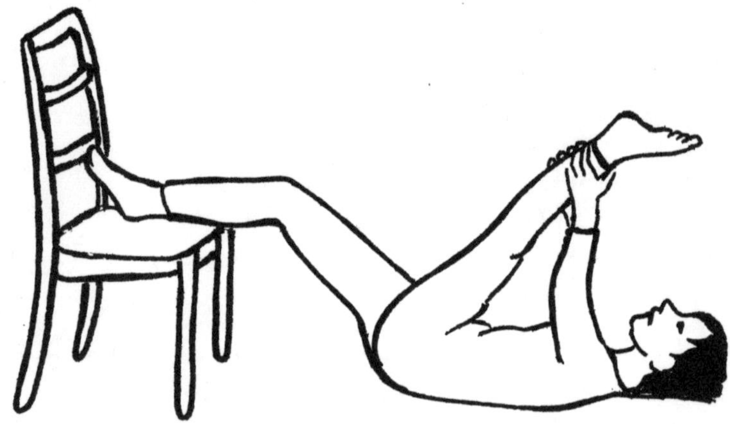

Abb. 20. Beinhebeübung in Rückenlage

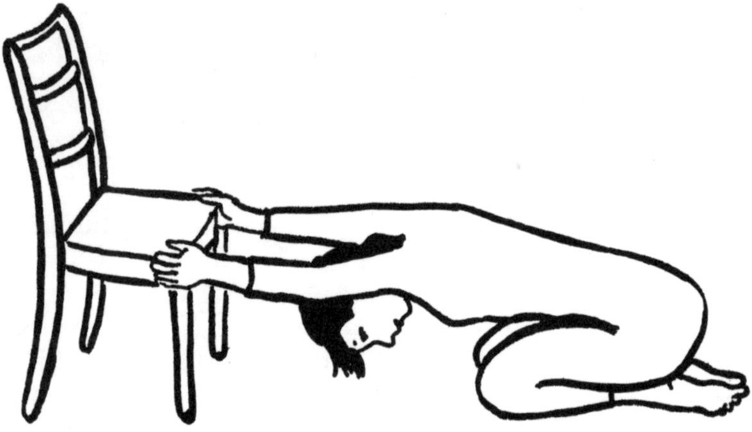

Abb. 21. Rückenausgleichsübung im Kniestand (mit Stuhl)

Wirkung: Diese Übung ist von wunderbar ausgleichender Wirkung für den Rücken (denn ein Hohlkreuz muß nicht sein!). Sie kräftigt im besonderen Maße die Bauch-, Rücken- und Beinmuskulatur. Sie strafft die besonders bei Frauen vielfach schlaffen Innenschenkel.

2. Übung: Beinhebe-Übung – Ausführung: Rückenlage

Füße und Unterschenkel auf den Stuhlsitz legen. Wir drücken nun den linken Unterschenkel gegen den Stuhl und heben das rechte Bein langsam an. Mit beiden Händen umfassen wir das rechte Bein und ziehen es noch näher in Richtung Kopf. Das Knie nach Möglichkeit gestreckt halten. Wenn die Druckspannung zum Stuhl gehalten wird, läßt sich der untere Atemraum wieder erleben. Die Organe des Leibes erfahren eine kräftige Massage. Bewußt langsames Zurücklegen des rechten Beines.

Bevor wir das linke Bein anheben, drücken wir den rechten Unterschenkel gegen den Stuhl. Der Körper hat dann die richtige vorbereitende Spannung, und die Übung ist von größerer Wirkung. Nun erst die Übung, wie vorher, weiter ausführen. *(Abb. 20)*

Wirkung: Die gesamte rückwärtige Muskulatur wird gestreckt und der Verdauungstrakt durch die Komprimierung beider Bauchseiten stark angeregt.

Die Übung kann beliebig oft wiederholt werden.

3. Übung: Rückenausgleichs-Übung – Ausführung im Kniestand *(Abb. 21)*

Wenn wir einen Rundrücken, schwache Brustmuskeln und verspannte Schulter- und Nackenmuskeln haben, sollten wir die folgenden Übungen öfter wiederholen.

Vor dem Stuhlsitz knien und mit beiden Händen die seitlichen Stuhlsitzkanten umfassen. Die Entfernung zum Stuhl sollte soweit sein, daß die Oberschenkel senkrecht stehen und die Arme ausgestreckt sind. Sich nicht auf den Stuhl

Abb. 22. Rückenausgleichsübung im Kniestand (mit Seitendrehung)

stützen, sondern mit den Händen leichten Druck zum Stuhl geben. Langsam das Gesäß in Richtung Fersen senken und den Oberkörper zwischen den Armen hängen lassen. Der Rücken ist gedehnt und zugleich entlastet. Der Kopf kann ebenfalls hängen oder gehalten werden. Die Atembewegung ist besonders im Rücken spürbar. Einige tiefe Atemzüge lang in dieser Haltung bleiben, sich dann aufrichten und in der Fersensitzhaltung entspannen. Diese Übung kann drei- bis fünfmal wiederholt werden. Wenn der leichte Spannungsdruck mit den Händen zum Stuhl gehalten wird, vermeiden wir zu starke Dehnungen in den Oberarmen.

4. Übung: Rückenausgleichs-Übung mit Seitdrehung – Ausführung im Kniestand

Vor dem Stuhl knien und mit beiden Händen die Mitte der vorderen Stuhlkante umfassen. Das Gesäß langsam zu den Fersen senken; die linke Hand bleibt mit etwas Druck zum Stuhlsitz liegen, der rechte Arm wird seitwärts noch in Richtung Zimmerdecke angehoben. Den Kopf so mitdrehen, daß man die erhobene Hand sehen kann. In dieser Haltung läßt sich nicht nur der untere Atemraum spüren, sondern auch im gedehnten Flankenbereich die Atembewegung wahrnehmen. Zum Entspannen den Arm senken und die Stuhlkante wieder fassen. *(Abb. 22)*

Die Übung mit dem linken Arm wiederholen.

Wirkung: Der Rücken wird durch diese Übungen kräftig durchblutet und die Wirbelsäule flexibler; der Brustkorb geweitet und die Atemmuskulatur gekräftigt. Schulter und Nackenmuskulatur werden entlastet und somit entspannt.

Kapitel 7

Stärkende Übungen für die Rückenmuskulatur – Belebung der körperlichen Aktivität

Kreuzschmerzen und Bandscheibenschäden sind zu Zivilisationskrankheiten geworden. Es gibt nur wenige Familien, in denen nicht jemand an Rückenschmerzen leidet.

Die wenigsten Berufe, auch nicht die Tätigkeiten der Hausfrau, bringen oder ermöglichen eine gesunde Bewegung des Rückens und der Wirbelsäule. Wenn wir uns einmal den Bau des Rückens angesehen haben und vielleicht auch wissen, wie unsere Wirbelsäule funktioniert, können wir ermessen, wie notwendig die regelmäßige methodische Durcharbeitung für diesen Körperbereich ist.

Bei schwachen Rückenmuskeln und instabiler Wirbelsäule kann sich sehr leicht die Muskulatur verzerren oder ein Wirbel verschieben oder gar verletzen. Besonders bei sportlicher Aktivität oder bei der Hausarbeit mit ihrer vielfältigen Bewegung ist es wichtig zu lernen, wie man den Rücken stärkt und bei der Bewegung schont. Dies geschieht durch vorbereitendes Aufrichten des Beckens und der Wirbelsäule, ausgelöst durch die körpereigene Spannungsregulierung.

Hat der Körper die notwendige Spannung für die anschließende Bewegung bekommen, wird sich die Atmung ebenfalls auf Aktivität einstellen. Durch richtige Beckenhaltung wird die Zwerchfelltätigkeit verstärkt, und es kommt zur vertieften Atmung. Damit ist der Körper selbst für anstrengende Bewegung richtig vorbereitet.

Die folgenden Übungen sind außerordentlich wirksam. Die Bewegungen dringen tief in Muskeln und Rückenwirbel und ermöglichen uns, die verschiedenen Zonen des Rückens zu beeinflussen. Wenn wir merken, wie die einzelnen Übungen auf uns wirken, können wir noch zusätzliche Zeit für unsere ganz besonderen Rückenprobleme aufwenden.

1. Übung: Aufrichtung des oberen Rückens

Ausführung: Wir legen uns auf den Bauch, die Arme gestreckt nach vorn, und stellen uns zunächst geistig auf die Übung ein. Wir heben zuerst den rechten Arm an, dann den linken Arm und schließlich beide. Nun spannen wir die Bauchmuskeln und das Gesäß an, pressen die Gesäßhälften zusammen und drücken die Leistengegend fest auf den Boden. So vorbereitet, heben wir Oberkörper und den rechten Arm gestreckt dehnend nach vorn, so hoch wie möglich; kurz die Position halten, sich dann zurücklegen und gut entspannen. Den Atem bei diesen Übungen nicht anhalten.

Auf die gleiche Weise heben wir den linken Arm und dann beide Arme. *(Abb. 23)*

Abb. 23. Aufrichtung des oberen Rückens in Bauchlage

Wichtig: die vorbereitende Haltespannung aufbauen (Druck des Beckens zum Boden).

Wirkung: Kräftigt und stärkt den Rücken im oberen Bereich. Fördert die Durchblutung des ganzen Rückens; stärkt die Willens- und Durchhaltekraft.

2. Übung: Anheben der Beine

Ausführung: Wir legen uns auf den Bauch. Die Stirn stützen wir auf die übereinandergelegten Hände. Bevor nun das rechte Bein angewinkelt gehoben wird, spannen wir die Gesäß- und Bauchmuskeln an und drücken den Unterleib und

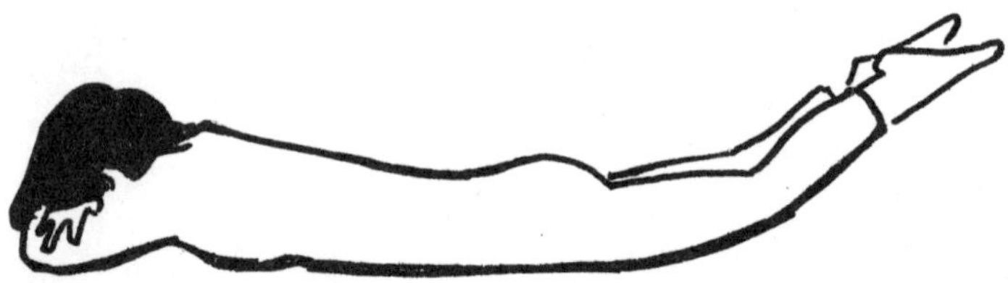

Abb. 24. Anheben der Beine in Bauchlage

die Leistengegend zum Boden. So vorbereitet, heben wir das rechte Bein angewinkelt langsam vom Boden ab, bis auch der Oberschenkel frei wird. Langsam das Bein zurücklegen und sich entspannen, bevor das linke Bein angewinkelt angehoben wird. *(Abb. 24)*

Nach kurzer Entspannung heben wir dann, wieder gut vorbereitet durch die Beckenspannung zum Boden, beide Beine an. Nach dem Zurücklegen gründlich entspannen.

Wirkung: Kräftigt und stärkt die Bauch-, Rücken- und Oberschenkelmuskulatur und fördert die Beweglichkeit der Wirbelsäule. Hilfreich bei Schmerzzuständen im Kreuzbein- und Lendenwirbelsäulenbereich. Der Verdauungstrakt wird stark angeregt, die Darmträgheit bekämpft. Die Nierengegend wird gut durchblutet.

3. Übung: Drehübung in Bauchlage

Ausführung: Wir liegen auf dem Bauch. Die Arme seitwärts in Schulterhöhe ausbreiten. Das Gesicht lassen wir auf der linken Wange ruhen. Die Beckenspannung vorbereiten durch Anspannen der Gesäß- und Bauchmuskeln, die Leistengegend zum Boden drücken. Nun das rechte Bein gestreckt anheben, weit hinter das linke Bein führen und die Fußspitze aufsetzen. In dieser Stellung etwas verharren. Wenn nun der Spannungsdruck des linken Beines zum Boden etwas gehalten wird, erfahren wir eine wunderbar tiefe, belebende Atmung im unteren Atemraum, und die Drehung zur Seite wird sich sogar noch vertiefen. Die Übung nur so lange halten, wie sie uns angenehm ist. Bevor sie zur anderen Seite ausgeführt wird, sollten wir uns immer in der Bauchlage entspannen. *(Abb. 25)*

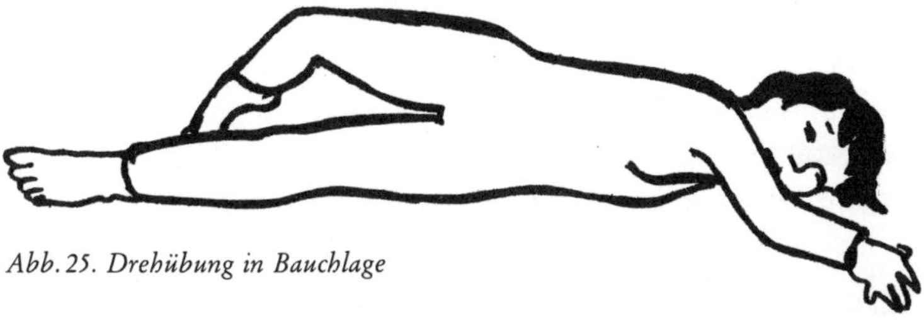

Abb. 25. Drehübung in Bauchlage

Wirkung: Diese Übung macht unsere Wirbelsäule beweglich und stärkt sie, entschlackt in den Hüften und baut Stauungen im unteren Teil des Rückens ab. Die Organe des Leibes bekommen eine kräftige innere Massage und werden damit in ihrer Funktion gestärkt. Wie bei allen Drehübungen wird das Nervensystem belebt.

4. Übung: Anheben der Arme und Beine *(Abb. 26)*

Ausführung: Wir liegen auf dem Bauch. Die Arme gestreckt nach vorn legen; die Beine liegen nebeneinander. Wir bereiten den Körper auf die anstrengende Übung des Anhe-

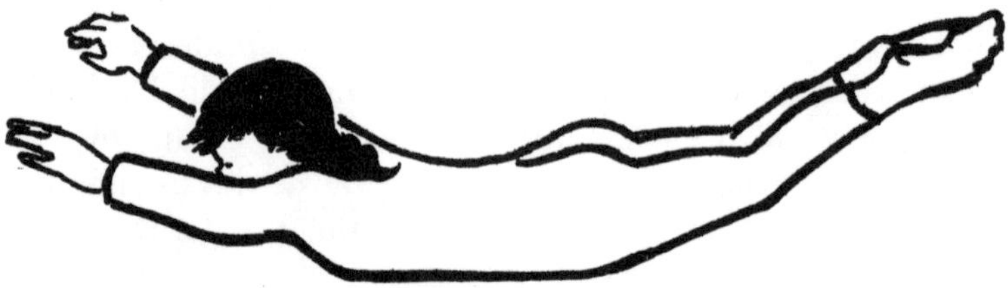

Abb. 26. Anheben der Beine und Arme in Bauchlage

bens von Armen und Beinen vor. Anspannen der Gesäß- und Bauchmuskeln und mit dem Unterleib und der Leistengegend Druck zum Boden geben. So vorbereitet, heben wir, langsam dehnend, Arme und Beine so hoch wie möglich an. Dabei mit tiefer Bauchatmung ruhig weiteratmen. In dieser Stellung etwas halten; Arme und Beine langsam zurücklegen und in der Bauchlage entspannen. Diese Übung kann mehrmals wiederholt werden.

Wirkung: Vorbeugend gegen Bandscheibenschäden. Die Wirbelsäule wird beweglich und gestärkt. Linderung von Schmerzen des Rückens. Die gesamte Rückenmuskulatur wird gekräftigt. Die Nieren werden gut durchblutet, die Nebennieren angeregt, das Gesäß und die Oberschenkel gestrafft.

5. Übung: Ausgleichende Rückenübung

Ausführung: Wir liegen auf dem Bauch. Die Arme vor dem Kopf verschränken und die Ellenbogen fest umfassen, den Kopf mit der Stirn vor den Armen auf den Boden setzen. Die gestreckten Beine grätschen. Die Zehenspitzen nach außen in Richtung Kopf legen. Die Fersten liegen innen, möglichst nahe dem Boden. Richtige Beckenspannung vorbereiten durch Anspannen der Bauch- und Gesäßmuskeln, dann Druck des Unterleibs zum Boden. Die Beine langsam zusammenführen, bis sich die Fersen einander nähern. Einige tiefe Atemzüge lang in dieser Haltung bleiben. Sich dann gut entspannen. *(Abb. 27)*

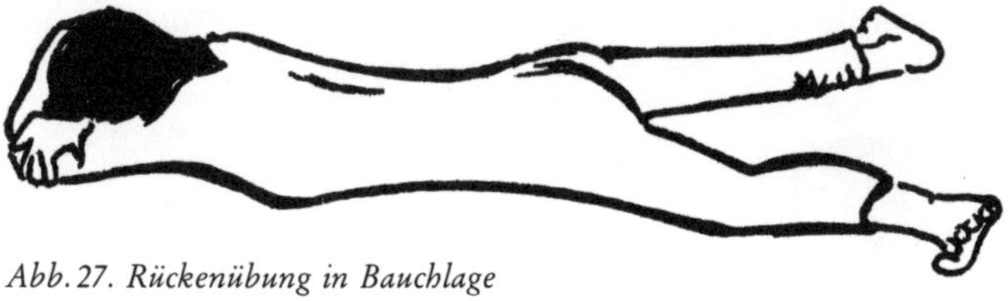

Abb. 27. Rückenübung in Bauchlage

Wirkung: Verspannungen und Verkrampfungen des Rückkens werden abgebaut. Wirkt harmonisierend und ausgleichend nach den vorhergehenden Übungen in der Bauchlage, indem die Nervenzentren belebt werden, die an der Wirbelsäule angeordnet sind.

Kapitel 8

Harmonisierende Nervenübungen zur Entwicklung des Zentralnervensystems

Diese Übungen sind in Anlehnung an überlieferte Nervenübungen aus Ägypten entstanden. Sie fördern einerseits die Beweglichkeit der Wirbelsäule, durch ökonomische Muskelarbeit wird der Kraftaufwand gering gehalten. Andererseits wird, von harmonischer, ruhiger Pendelatmung begleitet, das Zentralnervensystem angeregt.

Der Atemrhythmus soll zuerst eingeübt werden: Nehmen wir eine aufrechte Sitzhaltung ein, am besten auf einem Stuhl. Denken wir daran, wie wir sitzen müssen, um richtig und vollständig atmen zu können! Zur Erinnerung: Möglichst weit vorn auf der Stuhlkante sitzen. Knie und Füße

Abb. 28. Aufrechte Sitzhaltung für Atemübungen

sind hüftbreit voneinander entfernt. Hände locker im Schoß halten oder auf die Oberschenkel legen, gleichzeitig Fußdruck nach vorn zum Boden geben. Das Becken richtet sich auf, die Bauchwand strafft sich. Den Rücken weiter aufrichten durch Anheben des Brustbeins; die Schultern fallen entspannt zurück, der Kopf wird frei und wächst aus den Schultern heraus. Die Spannung in den Oberschenkeln langsam lösen. Der Oberkörper ist nun gerade aufgerichtet und für eine vollständige Atmung, die alle Atemräume umfaßt, vorbereitet. *(Abb. 28)*

Zur Vorübung: Wir versuchen nun im Siebener-Takt zu atmen, und zwar im Sekundenrhythmus. (Besser wäre der eigene Herzschlag.) Sieben Sekunden lang einatmen, zwei bis drei Sekunden den Atem halten. Sieben Sekunden lang ausatmen, zwei bis drei Sekunden die Leere halten.

Einige Minuten in ruhiger Gelassenheit diesen Rhythmus üben. Dabei konzentrieren wir uns auf den Luftstrom der Atmung. Wir können dabei die Augen schließen, dann fällt die Konzentration leichter. Während der Einatmung können wir den kühlenden Luftstrom in den geweiteten Nasenflügeln und in den Nasennebenhöhlen erspüren, bis sich das Gefühl erfrischender, belebender Kühle im ganzen Kopfraum und in der Kehle einstellt.

In der Ausatmungsphase können wir das weiche Zurückziehen des Leibes und die Entspannung des Brustkorbes erspüren, bis sich das Gefühl des entspannten Loslassens der Ausatmung im Beckenraum einstellt. Wenn wir die kleine natürliche Atempause abwarten, können wir ganz bewußt den Impuls zur Einatmung erleben. Die Bauchwand schiebt sich leicht vor, die Flanken weiten sich. Nun kann erneut im Kehl- und Kopfraum der kühlende Luftstrom erspürt werden.

Mit der Ausatmung immer wieder in den Beckengrund eintauchen, um die Atemräume vollständig zu erleben. Genießen wir diesen wunderbaren, ruhig gelassenen Atemrhythmus, und lassen wir durch ihn auch unseren Lebensrhythmus bestimmen.

Wenn dieser Atemrhythmus beherrscht wird, kann mit den Bewegungen begonnen werden. (Bei Kniebeschwerden können die Übungen auch auf dem Stuhl sitzend oder stehend durchgeführt werden.)

Die Bewegungsübungen der »Ägyptischen Reihe«

Grundübung: Kniestand

Ausführung: Die Fingerspitzen auf die Schultern legen, die Ellenbogen anheben und während der Übung so lassen. Mit den Knien leichten Widerstandsdruck zum Boden geben. Das Becken richtet sich auf. *(Abb. 29)* Nun beugen wir

Abb. 29. Ägyptische Reihe: Kniestand. Grundhaltung

Abb. 30. Ägyptische Reihe: Rumpfbeuge nach vorn

den Rumpf im Siebener-Takt ausatmend langsam nach vorn, wenn möglich, mit dem Kopf bis zum Boden. Zwei bis drei Sekunden verharren; bis sieben zählend sich ebenso langsam aufrichten. Zwei bis drei Sekunden verharren.

Bis sieben zählend vorsichtig zurückbeugen (Kniedruck zum Boden); zwei bis drei Sekunden verharren.

Bis sieben zählend wieder aufrichten. Zwei bis drei Sekunden verharren. *(Abb. 30)*

Bis sieben zählend sich seitwärts nach rechts beugen. Zwei bis drei Sekunden verharren.

Abb.31. Ägyptische Reihe: Seitwärtsbeuge

Abb.32. Ägyptische Reihe: Körperdrehung nach rechts

Bis sieben zählend den Körper aufrichten. Zwei bis drei Sekunden verharren. *(Abb.31)*

Bis sieben zählend sich seitwärts nach links beugen. Zwei bis drei Sekunden verharren.

Bis sieben zählend den Körper aufrichten. Zwei bis drei Sekunden verharren.

Bis sieben zählend langsame Körperdrehung nach rechts. Zwei bis drei Sekunden verharren. *(Abb.32)*

Bis sieben zählend langsames Zurückdrehen. Zwei bis drei Sekunden verharren.

Bis sieben zählend Körperdrehung nach links, zwei bis drei Sekunden verharren.

Bis sieben zählend den Körper zurückdrehen, zwei bis drei Sekunden verharren.

Bis sieben zählend den Körper vorbeugen, verharren, dann im Siebener-Takt aufrichten.

Da diese Übungsfolge recht anstrengend ist, sollte man sich, bevor die Übung mit einer anderen Armstellung wiederholt wird, gründlich entspannen. Man kann auf den Fersen sitzend ruhen, eine bequemere Sitzhaltung oder auch die Rücken- oder Bauchlage zur besseren Entspannung einnehmen.

Noch ein Hinweis zu den Übungen: Sich langsam Wirbel um Wirbel von unten her aufrichten. Dabei hilft uns der Streck- und Aufrichtungsreflex des Körpers, wenn wir leichten Kniedruck zum Boden geben.

Verschiedene Armstellungen:

1. Hände fest vor der Brust verschränken! Ellenbogen hochhalten.
2. Hände auf die Schulterblätter legen! Ellenbogen hochhalten.
3. Hände fest am Hinterkopf verschränken! Ellenbogen nach hinten drücken.
4. Arme auf dem Rücken verschränken, Unterarme umfassen.
5. Hände in die Taille stützen, Brustkorb weiten.
6. Als ausgleichende Harmonie-Übung: Jeweils in der Ausatmung mit entsprechender Bewegung Vokale tönen oder singen: a – e – i – o – u. Das bewirkt eine Auslösung anregender Vibrationen im Körper:
   – a – wirkt sich positiv auf den Herzbereich aus,
   – e – auf die Halsgegend,
   – i – im Kopfbereich,
   – o – im Oberbauch,
   – u – im Bauch- und Beckenraum.

Kapitel 9

Atemübungen mit kontrollierten Bauchmuskeln

Wichtige Übungen zur Behebung von Vitalitätsschwächen und zur besonderen Kräftigung der Verdauungs- und Unterleibsorgane:

Schwache Bauchmuskeln und damit verbundene Bauchdecken- und Rückenschwäche behindern das Zwerchfell in seiner natürlichen Bewegung. Der untere Atemraum – Bauch- und Beckenboden – ist eingeengt und kann von der Atemwelle meist nicht erreicht werden. Es stellen sich Blokkaden und andere Störungen im Darm- und Sexualbereich ein.

Mit den folgenden Spezialübungen lösen wir Verhärtungen und Verspannungen im Bauch- und Beckenbereich. Blockierte Energien können wieder frei werden, und die für die Unterleibsorgane so wichtigen stützenden und haltenden Beckenboden- und Schließmuskeln werden gekräftigt. Durch die starken Muskelkontraktionen der Bauch- und Beckenmuskeln bewirken wir eine kräftige innere Massage der Unterleibsorgane, fördern die Darmfunktion, verbessern die Durchblutung der inneren und äußeren Geschlechtsorgane und bewirken so deren gesündere Funktion. Haben wir durch diese Übungen den Atem-Engpaß Beckenraum wieder geöffnet, wird sich die volle tiefe Atmung im Bauch- und Beckenraum ganz von selbst einstellen. Unsere Zellatmung wird durch die volle Atemleistung verbessert, und damit gewinnen wir mehr Widerstandskraft und Stärke.

1. Kräftigungsübung für die Verdauungsorgane

Ausführung: Aufrecht stehen, Füße geschlossen. Oberschenkel aneinandergepreßt. Schulter-, Hals- und Nackenpartie entspannt halten. Nun pressen wir die Gesäßhälften stark zusammen und ziehen die Schließmuskeln hoch, als ob wir Luft durch den After einatmen wollten, dabei die Spannung der Muskeln aufrechterhalten. Atmen wir während der Übung normal weiter.

Dauer: Vier bis fünf vollständige Atemzüge.

Wirkung: Starke innere Massagewirkung auf die Verdauungsorgane. Regt das Nervengeflecht des Beckens an. Behebt Verstopfung und bekämpft nachhaltig Darmträgheit. Kräftigt außerdem Bauch- und Oberschenkel- und Gesäßmuskeln.

2. Kräftigungsübung für die Unterleibsorgane

Ausführung: Aufrecht stehen, Füße in etwa 50 cm Abstand gespreizt aufstellen. Nun die Gesäßmuskeln versteifen, die Bauchmuskeln kraftvoll anspannen und den Genitalbereich hochziehen, dabei wieder die Vorstellung entwikkeln, hier einatmen zu können.

Dauer: Vier bis fünf vollständige Atemzüge lang die Spannung in den Unterleibsmuskeln aufrechterhalten.

Wirkung: Die Übung belebt das ganze Beckenzentrum und stimuliert das Unterleibsnervenzentrum. Sie bewirkt eine starke Durchblutung der Genitalorgane und hilft bei Funktionsstörungen. Schlankmachende Wirkung auf Oberschenkel, Hüften, Bauch- und Gesäßmuskeln.

3. Anregungsübung

Ausführung: Aufrecht stehen. Während der langsamen Ausatmung das Becken frei und leicht von links nach rechts und beim Einatmen von rechts nach links führen.

Dauer: Zwei bis drei Minuten vor dem Frühstück oder Abendessen.

Wirkung: Verbesserte Kontrolle über die Bauchmuskeln; verdauungsstärkend.

4. Bauchmuskel-Kontrollübung

Ausführung: Hockstellung mit leicht gespreizten Beinen, die Fußsohlen flach am Boden. Beide Knie sollten dicht am Oberkörper liegen. Nach jeder Einatmung den Atem anhalten und die Muskeln des Unterleibes vom Schambein an soweit wie möglich zum Nabel heraufziehen, ohne etwas zu erzwingen. In der gründlich langen Ausatmung alles wieder entspannen. *(Abb. 33)*

Abb. 33. Bauchmuskel-Kontrollübung

Wirkung: Die Übungen stärken und kräftigen den ganzen Unterleib und schaffen, am Abend ausgeführt, erholsame Ruhe.

5. Entschlackungsübung

Ausführung: Kniestand oder Fersensitz. Die Hände zu Fäusten ballen und sie im Nabelzentrum an den Leib legen. Den Oberkörper langsam vorbeugen und ausatmend die Fäuste von unten nach oben führend vorsichtig in den Leib drücken. Versuchen wir, den Scheitel auf den Boden zu setzen. Mit der Einatmung den Oberkörper wieder aufrichten. Diese Übung kann drei- bis fünfmal wiederholt werden. *(Abb. 34)*

Wirkung: Kraftvolle Belebung der gesamten Bauch- und Beckenhöhle und aller darin eingelagerten Organe. Anregung der Bauchspeicheldrüse.

Abb. 34. Entschlackungsübung

Hinweis zu allen Übungen: Möglichst nie mit vollem Magen üben, der Verdauungsprozeß könnte sonst empfindlich gestört werden!

Kapitel 10

Rückenentlastende Bettübungen als Vorbereitung für den Alltag und für erholsamen Schlaf

Morgenübung:

Vor dem Aufstehen sollten wir daran denken, den Körper für das Tagwerk vorzubereiten. Kräftiges Strecken, Dehnen und Rekeln, anschließend eine leichte Drehübung aktiviert die Atmung und die vom Schlaf noch schlaffe Muskulatur, fördert somit die Durchblutung und mobilisiert die Wirbelsäule.

Ausführung im Bett liegend

Vorbereitendes gründliches Strecken, Rekeln und Dehnen des ganzen Körpers. Herzhaft dabei gähnen! Dann legen wir die Hände gefaltet hinter den Kopf und winkeln das rechte Bein an; den rechten Fuß setzen wir neben dem linken Knie auf. Wir drehen die Hüften zur linken Seite; dabei ziehen wir das rechte Knie weit dehnend nach links unten. Schultern und Ellenbogen lassen wir möglichst flach aufliegen. Wir können in dieser Drehlage einige besonders tiefe Atemzüge lang entspannt liegenbleiben, oder wir wechseln mit jedem Atemzug die Seiten. Vergessen wir nicht, auch mit dem linken Bein zu üben. *(Abb. 35)*

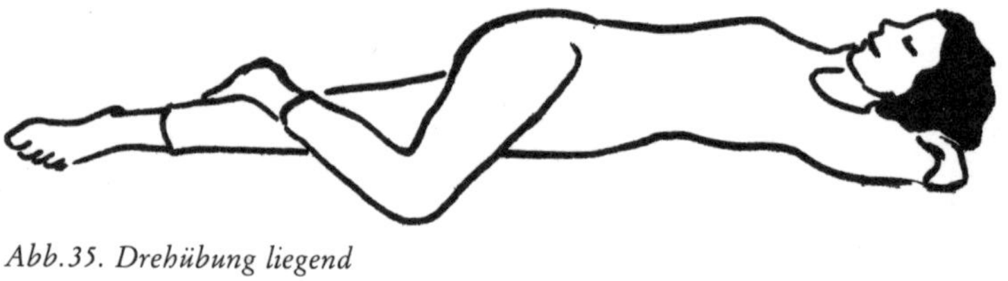

Abb. 35. Drehübung liegend

Abb. 36. Übung zur Verdauungsanregung, liegend

Abb. 37. Übung zum Aufstehen

Wenn unsere Verdauung noch angeregt werden soll, machen wir folgende Übung:

Wir ziehen die Knie auf den Bauch und umfassen sie fest mit den Händen. Die Zielrichtung des Ein- und Ausatmens ist das Gesäß und der Beckenboden. Ein mehrmaliges Öffnen und Schließen der Schließmuskeln aktiviert den Darm und regt die Ausscheidung an. *(Abb. 36)*

Ein Hinweis zur Atmung: Wenn wir zuerst einmal besonders gründlich ausatmen, dabei die Knie noch etwas fester andrücken, dann läßt es sich leichter zum Unterbauch und Beckenboden atmen.

Auch unser endgültiges Aufstehen aus dem Bett sollte bewußter geschehen. Um das Herz zu entlasten, rollen wir uns auf die rechte Körperseite, stützen uns mit der linken Hand nach vorn ab, lassen den Kopf noch nach unten hängen und setzen uns erst dann langsam auf. So vorbereitet, steigen wir aus dem Bett. Ein nochmaliges gründliches Strecken und Dehnen und Drehen des Körpers rundet die Morgenübung ab. *(Abb. 37)*

Lassen wir am Tag die Schlaffheit nicht siegen. Immer, wenn wir ein Schlaffwerden spüren, richten wir uns durch die aufrechte Haltespannung (Fußdruck zum Boden) wieder auf:

Guten Morgen!

Abendübung:

So wie wir uns für den Tag vorbereitet haben, können wir auch dafür sorgen, daß uns die Nacht erholsamen Schlaf schenkt. Die Verspannungen und Verkrampfungen des Tages lassen sich mit ganz einfachen Übungen lösen, um sie nicht mit in den Schlaf nehmen zu müssen. Wenn wir die Angewohnheit haben, noch im Bett zu lesen, dann können wir das tun. Wenn wir dann schlafen wollen, rollen wir uns noch kurz in die Rückenlage, um die Wirbelsäule zu entspannen.

1. Übung: Entspannen der Lendenwirbelsäule

Ausführung: Wir ziehen unsere Zehen bewußt langsam in Richtung Kopf. Die Fersen leicht abheben und die Knie durchdrücken. Die Lendenkreuzgegend nach unten drücken bis möglichst kein Hohlraum mehr besteht. Danach langsam entspannen. Dies kann öfter wiederholt werden. *(Abb.38)*

Eine andere Möglichkeit ist, die Füße zu kreuzen, die Beine und Gesäßmuskulatur anzuspannen und auch die Lendenwirbelsäule flach aufzulegen.

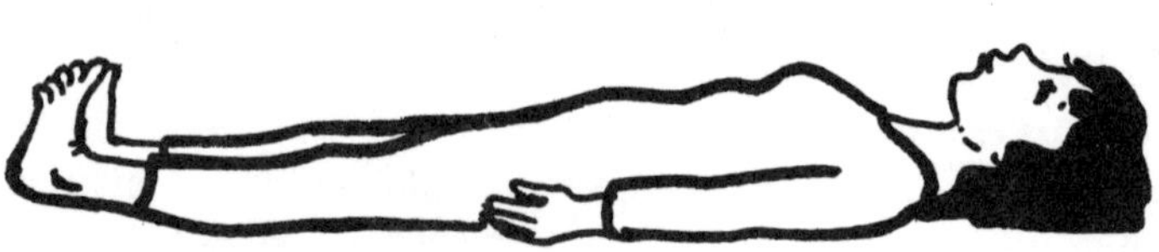

Abb.38. Entspannen der Lendenwirbelsäule

2. Übung: Entspannen der Halswirbelsäule

Ausführung: Den Kopf flach lagern, die Handflächen an beide Seiten des Nackens legen und mit den Fingerspitzen einen sanften Druck nach oben ausüben; das Hinterhauptbein dabei hochschieben, um den Nacken zu dehnen. Auch diese Übung können wir mehrmals wiederholen. *(Abb. 39)*

Abb. 39. Entspannen der Halswirbelsäule

Beobachten wir noch einige Minuten die ruhige, leichte Bauchatmung; verbannen wir dabei störende Gedanken. Legen wir unsere Sorgen und unser Planen für den nächsten oder gar übernächsten Tag ab, so wie ein Wanderer seinen Rucksack, wenn er rasten will, ablegt. So vorbereitet, wird der Körper rasch in einen tiefen, erholsamen Schlaf gleiten: Gute Nacht!

Kapitel 11

Herz- und Einschlafübung

Die Ausführung dieser Übung soll möglichst in Seitenlage erfolgen. Als Schlafübung kann sie abwechselnd auf beiden Seiten ausgeführt werden. Für die Herzübung die Herzseite immer nach oben legen. Die Lage soll möglichst flach sein, die Unterlage nicht zu nachgiebig. Der Kopf wird durch ein kleines, festes Kissen (Rolle, Roßhaarkissen, Kräuterkissen) unterstützt. Der obenliegende Arm kann zunächst durch die Hand leicht aufgestützt werden, damit die Flanke nicht durch die Last des Armes in ihrer Atembewegung behindert wird. Beide Beine werden leicht angezogen, das oben liegende Knie etwas mehr angewinkelt als das untere, so daß beide nebeneinander (also nicht aufeinander) liegen. Bei dieser Lage befindet sich das Gefäßsystem in einer bestmöglichen Entspannung. *(Abb. 40)*

Übungsablauf:

Es wird acht- bis zehnmal normal ruhig geatmet (durch die Nase ein – aus – Pause); danach tiefe Vollatmung, Bauch heben – Brustkorb weiten – Ausatmen – Entspannung und acht- bis zehnmal normal atmen; dann tiefe Einatmung – bei leicht geöffnetem Mund »seufzend« langsam ausatmen – Entspannung und normal weiteratmen.

Abb. 40. Ruhestellung zur Herz- und Einschlafübung

Diese Übung können wir, solange wir sie angenehm finden, in dem beschriebenen Rhythmus weiterführen.

Jahrelange praktische Versuche haben bewiesen, daß es bestimmte Arten des Atmens gibt, die hervorragend geeignet sind, den Schlaf herbeizuführen.

Einschlafübung

Wir atmen dabei leicht, beinahe oberflächlich, durch die Nase. Die Atemzüge sind kurz und flach; etwa dem Pulsschlag im Rhythmus entsprechend. Es wird solange flach geatmet, bis ein starker Impuls zum Tiefatmen einsetzt. Nun dreimaliges tiefes Ein- und Ausatmen, dann wieder flach weiteratmen. Wir können die Übung beliebig oft wiederholen, ohne daß sich schädliche Nebenwirkungen zeigen. Nur in hartnäckigen Fällen werden diese Übungen nicht ausreichen, uns sofort einen angenehmen Schlaf zu verschaffen. Wenn wir sie mehrere Nächte hintereinander bewußt durchführen, werden wir schlafen können – auch wenn wir nicht sofort Erfolg hatten.

Besonders zu beachten ist:

daß der ganze Körper möglichst entspannt liegen kann,

daß die Atmung nicht übertrieben schnell, eher langsam ausgeführt wird – also nicht bis zum Äußersten ein- und ausatmen –

und daß die Entspannungspause nach der Ausatmung – solange angenehm – eingehalten wird.

Wenn wir unseren Gedanken einen anderen Inhalt geben – hier zum Beispiel Konzentration auf entspanntes Atmen –, werden sie uns nicht mehr am Einschlafen hindern. Aber wenn wir unsere Aufmerksamkeit unseren störenden, vielleicht problembeladenen Gedanken zuwenden, werden sie anfangen, in uns zu leben, und uns noch lange wach halten. Deshalb Konzentration auf Entspannung, allseitige Harmonie.

Kapitel 12

Entspannende Atemübungen

Kohlendioxyd (CO_2) wurde bis vor kurzem als überflüssiges und wertloses Verbrennungsprodukt angesehen – als ein Gas, das möglichst schnell aus dem Organismus verschwinden sollte.

Neuere Forschungen haben jedoch gezeigt, daß eine der wichtigsten Aufgaben des CO_2 darin besteht, das Gleichgewicht zwischen Säuren und Basen aufrechtzuerhalten, was für den Organismus lebenswichtig ist.

Eine andere Aufgabe des CO_2 ist es, die Atmung zu regulieren. Leicht ansteigender Gehalt des Kohlendioxyds bei gleichzeitiger Zunahme des Sauerstoffgehaltes im Blut übt eine beruhigende und entspannende Wirkung aus.

Während Einatmen Spannung bedeutet, erlebt man das Ausatmen als Entspannung. Alle Erleichterungen (nach Schreck, Angst, langem Warten und dergleichen) erfolgen im Ausatmen. Bei diesen Atemübungen soll die Entspannung im Ausatmen bewußt erlebt werden.

Wir können bei diesen Übungen sitzen oder aufrecht stehen. Bei einigen Übungen ist es besser, die Augen leicht geschlossen zu halten. Die Konzentrationsfähigkeit ist dann größer, und wir können besser in den Körper hineinspüren.

Die Übungen:

1. Strecken der Wirbelsäule

Im Einatmen strecken wir die Wirbelsäule – im Ausatmen die beim Strecken gewonnene Größe nicht verlieren! Bei dieser Übung bleiben wir in uns gerade; nicht anlehnen oder nach vorne beugen. Dreimal wiederholen.

2. Beugen der Wirbelsäule *(Abb. 41)*

Im Ausatmen den Oberkörper beugen – Wirbel für Wirbel umkippen lassen – von den Halswirbeln bis zu den Lendenwirbeln. Wir rollen uns ein und richten uns im Einatmen langsam wieder auf; Wirbel für Wirbel. Dreimal wiederholen.

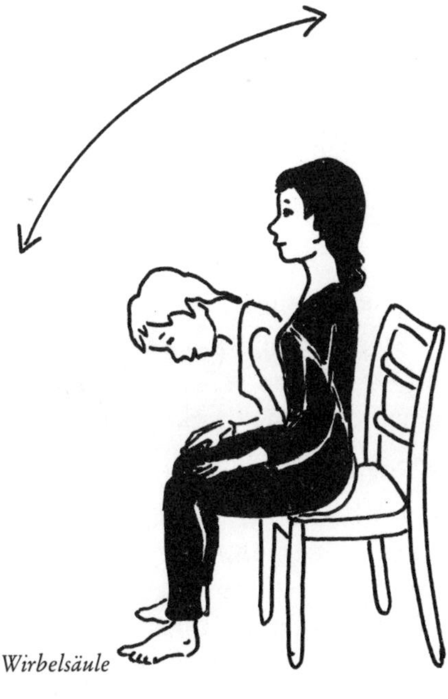

Abb. 41. Strecken und Beugen der Wirbelsäule

3. Kopfschaukel

Das Genick ist eine Spannungszone erster Ordnung (Hartnäckigkeit!). Diese Übung soll im Ausatmen die Genickzone lösen. Im Ausatmen schaukelt der Kopf locker hin und her, als ob der Wind die reife Ähre auf dem geraden Halm bewegt. Der Oberkörper bleibt dabei gerade und unbewegt.

Abb. 42. Wiegeübung

4. Wiegeübung

Solange wir Ausatemluft haben – ganz langsam und sparsam ausatmen –, schwingen wir, wiegen wir den Oberkörper locker nach links und rechts. *(Abb. 42)*

5. Spannung wechseln

Im Einatmen spannen wir alle Muskulatur, besonders die des Gesäßes, an. Wir sitzen gerade wie ein Bleistift auf dem Stuhl. Im Ausatmen entspannen wir uns, lassen die Wirbelsäule ineinander sinken, bis sie tief im Becken einrastet. Der Oberkörper bleibt dabei gerade aufgerichtet.

6. Entspannungsübung

Die Arme hängen links und rechts locker herunter. Wir stellen uns vor, wir hingen wie ein tropfnasses Hemd über einem Kleiderbügel, mit dem wir an einer Leine hängen. Wir können nicht nach rechts, links, hinten oder vorn zusammensinken. Im Ausatmen werden wir in uns selbst locker und durchlässig. Wir geben uns dem Gedanken hin, daß im Ausatmen auch an unseren Ärmeln das Wasser abtropfen könnte. – Ganz ruhig und langsam ausatmen!

7. Konzentrationsübung

Wir konzentrieren uns auf einzelne Körperbereiche. Im Ausatmen gelingt es uns, Teilbereiche des Körpers zu erspüren, die wir sonst nicht so leicht wahrnehmen, es sei denn, daß wir an diesen Körperstellen eine Schmerzempfindung haben. So können wir zum Beispiel im Ausatmen die Augen oder die Ohren wahrnehmen und erspüren. Bei erfolgreicher Übung werden diese Körperstellen besser durchblutet. Es stellt sich ein entspannendes Wärmegefühl ein.

8. Ausatemübung

Im Ausatmen lösen wir den Mund- und Rachenraum; wir »staunen« mit einem gelösten: »Ah«... und atmen die Luft aus. Wenn wir ausgeatmet haben, scheint es so, als wäre in den Lungen keine Atemluft mehr vorhanden. Es ist aber immer noch eine kleine Reserve da, und diese atmen wir auch noch aus. Danach bleiben wir einen kurzen Augenblick »leer«, dann einatmen, die Einatmung geschehen lassen.

9. Einatemübung

Wir nehmen so viel Atemluft auf wie nur möglich, bleiben einen Augenblick prall gefüllt und lassen dann spontan durch die Nase alle Luft heraus, so als ob man bei einem Luftballon die Reißleine zieht.

10. Partnerübung

Während der eine Übende sitzt, steht der andere hinter dem Stuhl und legt seine Hände locker auf die Schultern des Sitzenden. Mit den aufgelegten Händen erspürt der Stehende den Atemrhythmus des Sitzenden und übernimmt ihn. Wenn beide den gleichen Rhythmus haben, hilft der Stehende mit leichtem Druck dem Ausatmenden. Wo die Hände liegen, gibt der Sitzende im »Aus« betont nach, der Stehende verändert immer wieder die Lage der Hände in Richtung Flanken, Schulterblätter, Schlüsselbein, Schulterenden.

Kapitel 13

Bewußtseins- und Konzentrationsübungen – Regelmäßige Entspannung

Bei den vielen Anforderungen und Belastungen des Alltags ist es für viele Menschen schwierig, sich genügend Ruhe zu gönnen, um sich regelmäßig zu entspannen. Gerade aber in der heutigen Zeit, die unsere Nerven durch Lärm und Überfütterung mit äußeren Reizen strapaziert, ist es besonders wichtig, einmal am Tag Abstand vom äußeren Geschehen zu gewinnen.

Nun ist es nicht ganz einfach, sich still hinzusetzen oder zu legen, um sich tief zu entspannen. Vielfach sind wir gar nicht dazu in der Lage. Es bedarf der täglichen Anwendung von Konzentrations- und Bewußtseinsübungen, um eine echte kraftspendende Entspannung zu erreichen. In dieser tiefen körperlichen und geistigen Entspannung liegt dann der Schlüssel zu höherem Bewußtseinserleben, der Schlüssel zur Meditation. Erst wenn wir gelernt haben, uns den Ruheübungen hinzugeben und uns auf uns selbst zu besinnen, können wir ermessen, wie wichtig diese tägliche Übung ist.

Wenn regelmäßig Entspannung geübt wird, stellt sich meist nach kurzer Zeit ein besseres Gesamtbefinden ein. Wir beginnen, uns wieder wohl und behaglich zu fühlen. Wir werden feststellen, daß nach einer morgendlichen Meditationsübung – wie zum Beispiel der konstruktiven Atem-Meditation – ein Wohlbefinden mit erhöhter Leistungsbereitschaft den ganzen Tag über anhält.

Die hauptsächliche Schwierigkeit besteht meist darin, daß es uns schwerfällt, die täglichen Pflichten für kurze Zeit liegenzulassen, um eine Weile den Alltag abzuschalten. Dann dauert es uns auch oft viel zu lange, die noch im Kopf kreisenden Gedanken und die daraus resultierenden Gefühle und Aktivitäten zur Ruhe zu bringen.

Deshalb wäre es ratsam, vor einer Bewußtseinsübung einige Körperübungen durchzuführen. Wenn die Spannungen im Körper weitgehend abgebaut sind, sind wir auch bereit, uns geistig zu entspannen.

Trotz der oft sehr knappen Zeit sollten wir die Einstellung aufbringen: Jetzt habe ich Zeit! Auch wenn es nur ein paar Minuten sind. Diese sollten uns aber dann voll zur Verfügung stehen. Gedanken an unerledigte Dinge sollten sanft aber bestimmt zurückgewiesen werden.

Sobald wir Freude an diesen Ruheübungen gefunden haben und ihren Sinn begreifen können, werden wir ganz von selbst danach trachten, die täglichen mindestens 10 Minuten für eine der Konzentrations- und Bewußtseinsübungen zu erübrigen.

Entspannende Atemrollkur

Jeder Übende sollte die Fähigkeit besitzen, die natürliche Atmung bewußt zulassen zu können. Darum ist es wichtig, den Atem loszulassen, wenn der unbewußte Vorgang der Atmung ohne Beeinflussung wieder bewußt wahrgenommen und erlebt werden soll.

In der folgenden Übung geht es um das unmittelbar bewußte Erleben des Atems in verschiedenen Ruhelagen des Körpers.

Ausführung: Wir beginnen in der Rückenlage, Entspannen den Körper durch bequemes Auflegen des Rückens, der Arme und Beine. Wir atmen etwas langsamer und auch bewußter! Ein paar Atemzüge lang beobachten wir, wie es in uns atmet. Wenn wir ausatmen, erspüren wir die loslassende Atemwelle. Wir erfahren die abwärtsziehende Entspannung im Brustkorb und das leichte Zurücksinken der

Bauchdecke. In der Atempause erwarten wir den Impuls zur Einatmung.

Mit jedem Einatmen lassen wir das Einströmen der Luft zu einem bewußten Empfangen werden. Der Leib hebt sich, der Brustkorb weitet sich. Wir nehmen die Atemfülle auf und geben in der Ausatmung wieder alles ab. Wir haben Geduld in der Atempause und überlassen uns dem Atemgeschehen. Wir erleben bewußt die Wende zur neuen Einatmung, verbunden mit dem Dehnen, Weiten und Öffnen des Körpers – und in der Ausatmung die Lösung und Entspannung. Wenn wir nur diese Phasen der Aus-Einatmung und Atempause erleben, ist kein Platz mehr für andere Gedanken und Gefühle. Wir lassen den Atem ruhevoll ein- und ausströmen. Nach dem Erleben des Atems in der Rückenlage wollen wir ihn nun in einer bequemen Seitenlage erfahren. Drehen wir uns nach rechts: die Beine leicht anziehen und mit dem unten liegenden Arm ein Kissen für den Kopf bilden. Beobachten wir die Atmung in der linken Rumpfseite! Wenn wir einatmen, dehnt und hebt sich die linke Flanke und senkt sich, wenn wir ausatmen. Diese Flankenatmung bewußt wahrnehmen und erleben.

Nun atmen wir in der Bauchlage: den Kopf seitlich legen, die Arme neben den Körper. Lassen wir uns wieder ganz bewußt los in der Ausatmung, bis wir die Atemwelle im Unterbauch spüren können und die leichte Atembewegung der Bauchdecke wahrnehmen. Die Dehnung des Leibes nach unten zur Unterlage bei der Einatmung und das Zurückziehen in der Ausatmung erspüren. Erleben wir, wie ruhevoll es in uns atmet.

Nun drehen wir uns ganz nach links. Die Linkslage des Körpers entlastet besonders die Galle und Leber. Wenn wir bequem liegen, beginnen wir wieder den Atemvorgang zu beobachten. Es hebt und senkt sich die rechte Rumpfseite. Erleben wir uns in dieser Flankenatmung.

Zum Abklingen unserer entspannenden Atemrollkur legen wir uns noch einmal auf den Rücken und nehmen die tiefe Entspannung des Körpers bewußt in uns auf. Das Atemgeschehen nur wahrnehmen, nichts dazutun. Erleben wir nun: »ES atmet mich.«

Energieaufladende Atembewußtseinsübung

Diese Atemübung wird uns geistig und körperlich neu programmieren. Die Neuprogrammierung erstreckt sich bis in den Zellkern hinein und erwirkt eine Energieaufladung im gesamten Organismus. Um recht bald positive Ergebnisse feststellen zu können – wachsendes Selbstvertrauen, größere Vitalität und persönliche Kraft sowie verbessertes Konzentrationsvermögen – sollte diese Übung täglich mindestens drei bis fünf Minuten lang durchgeführt werden. Wir werden uns anschließend innerlich stärker und energiereicher erleben.

Ausführung: Am besten ist es, die Übung in der Rückenlage durchzuführen, damit die Blutzirkulation überall gleichmäßig im Körper beeinflußt wird. Wir beginnen sodann, bewußt durch die Nase etwas langsamer und ruhiger zu atmen und die Aufmerksamkeit auf den Atemstrom zu lenken, um den Atemrhythmus zu erspüren. Lassen wir uns dabei Zeit, und erspüren wir einmal ganz bewußt die Übergänge beim Atemwechsel. Wir werden immer wieder erstaunt sein, wieviel Zeit sich der Körper nimmt, um auszuatmen. Die Einatmung wird ganz von selbst spontan tiefer. Einige Atemzüge lang die Atmung erleben …

Nun stellen wir uns die Luft in flüssiger Form vor, und diesen flüssigen Luftstrom, aufgeladen mit höherer Lebensenergie, beginnen wir dann mit der bewußt langsamen Ausatmung in die verschiedenen Körperregionen zu lenken. Ohne vollkommene Konzentration, das heißt, wenn unser Bewußtsein abschweift, werden wir mit dieser Übung jedoch nichts erreichen.

Versuchen wir daher bewußt, aufmerksam und wach zu sein. Nach einer tiefen Ausatmung atmen wir den flüssigen, energiereichen Luftstrom ganz bewußt durch die Nase ein, erleben uns dabei auch im Hals und in der Kehle.

Mit der Ausatmung lenken wir das Bewußtsein nun zuerst in die Füße und lassen in ihnen einen lebendigen Wärmestrom entstehen. Dies ist keineswegs Einbildung, sondern die entspannte Muskulatur wird durch die geweiteten Gefäße besser durchblutet und erwärmt.

Mit jeder Ausatmung diesen energiereichen Lebensstrom höher bringen, bis beide Beine von prickelnder Wärme erfüllt sind.

Nun den Beckenraum, den Leib und den Brustkorb warm durchströmen, so daß wir im ganzen Körper die gesteigerte Lebensenergie als prickelnde, wohltuende Lebendigkeit erspüren.

Dann die Hände und Arme mit neuer Energie aufladen. Beginnen wir mit der rechten Hand und dem rechten Arm, bis auch hier der Wärmestrom fühlbar wird.

Vom Hals und dem Kehlkopfzentrum ausgehend lenken wir den energiereichen Ausatmungsstrom in den Kopf, bis unter den Scheitel. Stellen wir uns vor, daß unser Gehirn sich vollkommen entspannen kann, um nun mit neuer lebendiger Kraft aufgeladen zu werden.

Der ganze Körper empfängt die Aufladung wie eine offene Schale, wir beginnen intensiver wahrzunehmen. Wir spüren, was es heißt, überall wach zu sein, von bewußter, intensiver Lebendigkeit und lichtvoller Energie erfüllt zu sein.

Kurzfassung der Übung:

1. Rückenlage einnehmen;
2. Atemstrom beobachten;
3. in die verschiedenen Körperbereiche energieaufladend ausatmen: Mit den Füßen und Beinen beginnen;

4. Beckenraum, Leib und Brustkorb aufladen und durchströmen;
5. rechte Hand und rechten Arm, linke Hand und linken Arm aufladen,
6. Kehlkopfzentrum,
7. Kopfraum und Gehirn stärken.
8. Übung beenden mit leichter ruhiger Atmung; den ganzen Körper intensiv beobachten und Veränderungen feststellen.

Beginnen Sie, sich dann zu bewegen, den Körper kräftig zu rekeln und zu dehnen, ein herzhaftes Gähnen zuzulassen und langsam über die rechte Seite rollend aufzustehen.

Bewußtseinsübung: Körperlich-bewußtes Atemraumerleben

Wenn wir uns für einige Minuten von der Außenwelt zurückziehen, um körperlich und geistig auszuruhen, helfen uns kleine Bewußtseinsübungen, das Körpergefühl zu steigern und somit den Körper bewußter zu erleben. Die natürliche Atmung wiederentdecken, den Atemvorgang erspüren, das ist unsere Grundübung. Sie läßt sich am besten in der Rückenlage durchführen. Die Muskeln sind dann schon etwas entspannter, und der Wille, sich noch mehr zu entspannen, ist vorgegeben.

Ausführung: Legen wir uns auf eine Decke in die Rückenlage. Wenn wir leicht frieren, decken wir uns zu, damit die Körperwärme erhalten bleibt. Um besser liegen zu können, sollten wir die Beine erst einmal kräftig durchspannen und versuchen, das Lendenkreuz zu entspannen und möglichst ohne größeren Hohlraum dazuliegen. Die Augen schließen. Versuchen wir zunächst, den ganzen Körper einfach loszulassen – den Alltag draußen zu lassen; sich entspannen und das Schwererwerden des Körpers dabei erspüren. Lassen wir unsere Füße und Beine ganz schwer werden, als würden sie in die Unterlage hineinsinken. Dann das Becken wahrnehmen, wie weich das Gesäß aufliegt und wie locker und entspannt der ganze Rücken ruht. Sich wohlig weich eingebettet fühlen. Nun die Schwere der Schultern und Arme erspüren; den Nacken ein wenig dehnen und das Kinn etwas näher zum Hals ziehen, damit der Hinterkopf weich und angenehm aufliegt und die Halswirbelsäule entspannt ist.

Spüren wir, wie weich die Halsgrube ist? Lassen wir ganz bewußt die Schlüsselbeine und das Brustbein einsinken. Entspannen wir die Gesichtsmuskeln – den Unterkiefer locker lassen – die Wangen schlaff werden lassen. Dann erspüren wir die Mundhöhle und wie locker die Zunge darin ruht. – Wir lassen die Augen ganz tief zurücksinken. – Schläfen und Stirn glätten und entspannen sich.

Tauchen wir nun ein in das Innere unseres Wesens, wo alles ruhig und friedlich ist. Ruhevolle Gelassenheit breitet sich aus – im Kopf, in der Kehle, im Brustkorb, im Bauch- und Beckenraum. Bleiben wir darin, ohne etwas zu wollen oder zu begreifen.

Erspüren wir nun unsere Atemräume und die Bewegung des Atems darin. Nehmen wir uns dafür Zeit. Lassen wir den Atem kommen und gehen und warten wir in Ruhe ab, wie es in uns atmet. In der Tiefe des Leibes erspüren wir, wie die Ausatmung hier endet und – in der kleinen Atempause danach – die Einatmung ihren Anfang nimmt. Atmen ist Leben, und hier unten im Beckenraum ist die Kraftquelle des Lebens.

Versuchen wir nicht, den Rhythmus zu lenken. Lassen wir uns abwartend von ihm tragen. – Immer wieder im Beckenraum die Umkehrung des Atems abwarten und das sanfte Heben der Bauchdecke während der Einatmung erspüren. Ein Gefühl des Weich- und Weitwerdens stellt sich in diesem Atemraum ein. Im Ausatmen erleben wir die Lösung von Spannungen und können uns vertrauensvoll im

Beckenraum niederlassen, um in der Atempause auf das Neuwerden zu warten. Noch einige Atemzüge lang diesen tiefen Atemraum bewußt empfinden und wahrnehmen.

Dann ruht unsere Aufmerksamkeit oberhalb des Nabels: dem Beginn unseres mittleren Atemraumes. Erspüren wir in diesem Raum das Weitwerden, das Sich-Öffnen für den aus der Tiefe heraufsteigenden Atem; wie sich der Brustkorb allseitig weitet und dehnt, um dem Atem Raum zu geben.

Auch im oberen Atemraum, in der Schlüsselbeinregion und im Hals, können wir die Durchlässigkeit für den Atemstrom erfahren. – Wie frei es in der Kehle atmen kann! – Es öffnet sich dieser Atemraum zum Kopfinnern. Wir gewahren mit dem sanften Einatemstrom die Naseninnenräume und den großen Raum hinter den Augen und der Stirn.

Mit der ruhig durch die Nase dahinströmenden Ausatemluft können wir die Entspannung im Brustkorb erspüren: das Einfallen der Rippen und das Absinken des Brustbeines.

Mit dem weichen Zurückfallen der Bauchdecke und der kleinen Atempause nach der Ausatmung beginnt unser Atemkreis neu. Erleben wir uns immer wieder neu in dieser ruhevollen Gelassenheit, mit der es in uns atmet. Vielleicht werden wir uns nun noch einiger Verspannungen bewußt, besonders im Nacken, Brustbein und Schulterbereich. Hier ist der Sitz unserer Begierden, unserer Wünsche, unserer sprichwörtlichen Hartnäckigkeit.

Lassen wir los! Mit jedem Ausatmen einen weiteren Teil der aufgestauten Spannungen des Nackens und der Schultern loslassen und sie dem Leib anvertrauen, dem Grund in uns, der alles auffängt und trägt. Immer wieder loslassen und dabei das Freiwerden in Kopf, Nacken und Schultern erspüren, die Weichheit und Weite des Leibes und die Aufnahmefähigkeit des Beckens erfahren.

Wenn wir diese Übung beenden wollen, tun wir es ganz behutsam. Strecken, dehnen und rekeln wir uns gründlich durch, gähnen wir herzhaft. Jetzt, da wir wissen, wie einfach es eigentlich ist, durch tiefes, ruhiges Atmen innere Ruhe und Frieden zu finden, können wir uns dem Alltag wieder zuwenden.

Konstruktive Atem-Meditation

Die folgende Konzentrationsübung hat auf den Körper eine innere erhaltende und aufbauende Wirkung. Der körperliche und geistige Entspannungszustand, der nach dieser Übung erreicht wird, kann in eine tiefe Meditation einmünden.

Am Anfang wird es vielleicht ein wenig schwierig sein, den Atemrhythmus zu halten; deshalb ist es nötig, sich entspannend vorzubereiten. Man kann nur dann natürlich lange und tief atmen, wenn man fähig ist, Sorgen und Alltägliches draußen zu lassen. Dann läßt sich auch die Zeiteinteilung des regulierten Atmens besser einrichten. Der Atemfluß darf nicht zu sehr – durch zu lange und zu starke Atemzüge – behindert werden. Die Atmung sollte ruhig und leicht fließen. Je natürlicher geatmet wird, um so ruhiger und heiterer, ja gelassener reagiert unser inneres Wesen.

Ausführung: Nehmen wir nun eine entspannte, aber aufrechte Sitzhaltung ein. Wer nicht leicht einschläft, kann auch in der Rückenlage üben. Zur besseren inneren Wachheit gehört jedoch die Sitzhaltung mit gerade aufgerichteter Wirbelsäule und gerade gehaltenem Kopf. Richten Sie dann Ihre Aufmerksamkeit auf den Körper.

Von den Füßen her den Körper entspannen, ihn schwer werden lassen. Das Gefühl der Entspannung breitet sich von unten nach oben aus, läßt den Körper schwer und entspannt empfinden. Die innere Aufmerksamkeit läßt jedoch nicht nach, bleibt wach und empfindsam und richtet sich dann auf den Atem, um dessen Rhythmus zu erkennen. Erspüren wir den Atemstrom auf seinem Weg in den Körper; dabei folgen wir der Atemwelle bis in den Unterbauch. Dort ganz weich und nachgiebig sein, ohne jedoch die Stütze des Rückens, das Becken, nach hinten kippen zu lassen. Mit jedem Atemzug die Räume des Körpers ausfüllen, den Atem ohne große Mühe zum Beckenboden fließen und ihn von dort wieder aufsteigen lassen. Einige Atemzüge lang in dieser entspannenden Haltung verweilen.

Nachdem nun der Atemfluß bewußt empfunden werden kann, beginnt die eigentliche Übung: Sie fängt mit einer Ausatmung an. Nach der folgenden Einatmung – die Zunge liegt locker im etwas herabhängenden Unterkiefer – richten wir unsere Aufmerksamkeit auf den Kopf, auf den Raum hinter der Stirn, und denken dabei mit angehaltenem Atem: »Ich bin in Ruhe.« Danach ausatmen. Dann machen wir wieder eine Atempause und denken hinter unserer Stirn: »Ich bin in Ruhe« – ruhig einatmen – Atempause – Konzentration auf den Kehlkopf. »Es denkt in Ruhe.« – Ausatmen – Atempause – Kehlkopf spüren: »Es denkt in Ruhe.« Einatmen – Atempause – die Konzentration ist nun im Herzzentrum: »Sie fühlt in Ruhe.« Ausatmen – Atempause – die Mitte des Brustkorbs spüren, denken: »Sie fühlt in Ruhe.« Ruhig einatmen – Atempause. Konzentrieren wir uns auf das Nabelzentrum und denken wir: »Er will in Ruhe.« Ausatmen – Atempause. Denken wir im Nabelzentrum: »Er will in Ruhe.« Ruhig und leicht einatmen – Atempause – Konzentration ist im Beckengrund am Ende der Wirbelsäule; dabei denken wir: »Sie strömt in Ruhe.« Leicht und ruhig ausatmen. Atempause. Tief unten im Becken denken: »Sie strömt in Ruhe.«

Diesen komplexen Vorgang von oben nach unten können wir je nach Konzentrationsvermögen drei- bis fünfmal wiederholen. Sollten wir uns jedoch bei dieser Übung unwohl fühlen, dann lassen wir die Atempausen kürzer ausfallen oder beenden die Übung schon nach dem zweiten Mal.

Den Abschluß dieser Konzentrationsübung bildet die

Phase des Ausruhens, das Loslassens vom Tun. Sich in den Zustand der Losgelöstheit, der inneren erhaltenden Ruhe und Ordnung begeben und darin so lange verweilen, wie der Körper möchte, mindestens zehn Minuten. Beenden wir dann die ganze Übung mit kräftigem Atmen und herzhaftem Gähnen. Strecken und rekeln wir uns gründlich, bevor wir an unsere täglichen Arbeiten gehen.

Ergänzende Hinweise zur konstruktiven Atem-Meditation

Wer eine geistige Weiterentwicklung anstrebt, dem muß vor allem klar sein, daß in einfachen Sätzen oder Worten Kräfte verborgen sind, die erst dann wirksam werden können, wenn diese Worte im innersten Wesen zu leben beginnen. Sucht man diese Worte mit dem Verstand zu begreifen, erfaßt man nicht das Richtige. Erst wenn das Innere ganz erfüllt ist von einem Wort oder Satz, wenn Vorstellungen und Wünsche schweigen, kann die Kraft des »Ich bin in Ruhe« spürbar wirken. Lebt man sich in diese Worte ganz hinein, kann das Dasein erlebt und angenommen werden. Freude empfindet man durch das Wissen, ein selbständiges Wesen zu sein und mitwirken zu können an der Weltgestaltung.

Der zweite Satz »Es denkt in Ruhe« gibt uns die Kraft, aus dem innersten Wesen heraus Ruhe auszustrahlen. Sprache und Ausdruck werden dann von innerer Ruhe geprägt sein.

Der dritte Satz »Sie fühlt in Ruhe« läßt in unserem Herzzentrum, dem Sitz unserer Gefühle, Wahrhaftigkeit und Liebe aufblühen, die gebende, empfangende allumfassende Liebe, die in alles den belebenden Hauch einführt.

Der vierte Satz »Es will in Ruhe«, dessen Aussagekraft wir im Nabelzentrum spüren können, läßt uns etwas von dem inneren Kraftzentrum erfahren, unserem Grundfundament, das uns auffängt und trägt, wenn wir uns nur vertrauensvoll darin niederlassen können.

Der fünfte Satz »Sie strömt in Ruhe« läßt uns die lichtvolle Energie erfahren, die den Körper erfüllen und durchströmen kann, wenn er durch die Übungen bereit dafür ist.

Aber für alles Werden ist Geduld notwendig. Man muß sich mit seinem ganzen Denken, Fühlen und Wollen in diese Übung einleben und sie möglichst täglich einmal ausführen. Dann kann man nach einiger Zeit spüren, daß die gedachten Gedanken zu leben beginnen, daß sie mit Licht und Kraft durchzogen sind. Und – von diesem inneren Lichtausströmen gestärkt – wird die Freude am Dasein geweckt. Der Mensch fühlt sich froh und glücklich.

Die Übung kann in den Aussagesätzen vielfältig verändert werden; zum Beispiel nur mit »Ich bin in Ruhe« beginnen, anschließend: »In mir ist Ruhe« usw. Die Atempausen immer länger werden lassen, je nach Vermögen, und weitere Eigenschaften hinzufügen, etwa: »Ich bin in Ruhe und Harmonie«, oder »Ich bin in Ruhe, Harmonie, Gesundheit.«

Meditationsübung zum besseren Umgang mit sich selbst und zum Lösen von Alltagskonflikten

Harmonisches Gleichgewicht, den Schlüssel zu Gesundheit und Glück, können wir finden, wenn uns aufgegangen ist, daß Meditation kein Tun, sondern ein *Sein* ist. Suchen wir darum nicht länger nach einer Gebrauchsanweisung für Wesen und Praxis der Meditation, sondern setzen wir uns einfach ein paar Minuten hin und werden still. Vergessen wir die Außenwelt für einige Zeit, um den inneren Menschen kennenzulernen.

Unsere Sitzhaltung sollte aufrecht sein. Die Hände locker auf die Oberschenkel legen oder übereinandergelegt locker im Schoß halten. Den Kopf nicht hängenlassen, ihn geradehalten; die Augen schließen. Richten wir unsere Gedanken auf den Atemstrom: Der Atem kommt, der Atem geht – in Ruhe warten, bis der Atem von selbst wiederkommt – bis sich ein wunderbar ruhiger Atemrhythmus einstellt. Wenn störende Gedanken uns daran hindern, in tiefere Bewußtseinsschichten einzudringen, machen wir zunächst eine Konzentrationsübung. Nach einiger Zeit des Übens wird sich die innere Ruhe auch ohne diese Hilfe einstellen.

Konzentrationsübung:

Zählen wir nun in jeder Ausatmung von zwanzig rückwärts bis eins. Dann lassen wir es auf der nun erlangten tieferen Bewußtseinsstufe wieder in uns atmen. Vielleicht spüren wir, daß nicht wir es sind, die atmen. Es ist der Atem des Lebens, der uns durchpulst: der Atem Gottes, an den wir durch unseren Atem angeschlossen sind und dem wir uns voller Hingabe und Vertrauen überlassen können. Hier liegt die Möglichkeit, sich an die große Kraftquelle anzuschließen, den Geist Gottes.

Vor unserem geistigen Auge (Stirnmitte) lassen wir nun ein Bild unserer uns bedrückenden Lebenssituation entstehen: alles was Unruhe und Friedlosigkeit in unser Leben bringt, uns belastet oder krankmacht. Betrachten wir diese Gedankenbilder und versuchen wir herauszufinden, was uns eigentlich quält und bedrückt. Überprüfen wir in Ruhe und Gelassenheit, ob die Dinge und Ereignisse wirklich so schwerwiegend sind, daß wir uns so erregen und verkrampfen und krank davon werden. Vielleicht gewinnen wir in dieser ruhevollen Haltung die Erkenntnis, daß die wesentlichen Schwierigkeiten gar nicht so groß sind.

Dann überlassen wir uns wieder dem Atemrhythmus.

Betrachten wir nun wie ein kritischer Maler unser nur noch teilweise aus Schwierigkeiten bestehendes Situationsbild. Vertrauen wir fest der helfenden Hand Gottes und bitten wir um die Lösung der noch bestehenden Probleme.

Dann befreien wir uns ganz von diesen beunruhigenden, negativen Gedankenbildern. – Denken wir nicht aufs neue darüber nach, damit unsere Gehirn- und Körperzellen sich nicht erneut verkrampfen. Weisen wir alles Störende sanft, aber bestimmt von uns. Bleiben wir mit unseren Empfindungen entweder im Bereich des Herzens oder in der Stirn. Beide sind hochschwingende empfangende Kraftzentren des Körpers. Richten wir unseren Atem auf diese beiden Zentren aus.

Lassen wir es in uns atmen. Verweilen wir noch einige Zeit in dieser Meditationshaltung. Wenn wir nun körperliche und geistige Erleichterung verspüren, ist es wichtig, in dieser entspannten Verfassung – möglichst ohne Gedanken – zu verweilen. Die Gedanken kommen lassen und nicht beachten. Der in uns frei fließende Kraftstrom würde sonst gestört.

Eine Empfehlung: Um leichter in die Ruhe der Meditation zu gelangen, kann vorher ein Entspannungstee getrunken werden. Eine Tasse Johanniskraut- oder Ringelblumentee, gemischt mit Anserine (Krampfkraut). Der Tee sollte gut warm getrunken werden.

Beginnen wir, uns unwohl zu fühlen, lösen wir uns aus dieser tiefen Bewußtseinshaltung. Dann atmen wir ein paarmal tief und kräftig ein und aus, rekeln und dehnen uns gut und lassen ein herzhaftes Gähnen zu. Wenn wir uns noch ein wenig Zeit nehmen können, sollten wir langsam und bewußt einen Apfel oder ein anderes Stück Obst essen, das wir gut kauen. Diese Handlung gleicht zusätzlich aus und bringt uns zurück in die Gegenwart.

Die positive Stimmung, die durch die Meditation erreicht wird, kann weit in die Zukunft reichen, und den täglich an Sie gestellten Aufgaben und Pflichten können Sie mit viel mehr innerer Ruhe und Gelassenheit begegnen.

Kapitel 14

Übungsbeispiele für Anfänger und Fortgeschrittene

I. Vorschlag einer Übungsreihe für den Anfänger

Übungsreihe:

a morgens vor dem Frühstück – mobilisierend und kreislaufanregend;
b in den Vormittagsstunden oder in einer Arbeitspause – lockernd und vitalisierend;
c nachmittags, empfehlenswert vor dem Abendessen – regenerierende und nervenstärkende Übungen;
d zur Entspannung am Abend – Konzentrations- und Bewußtseinsübungen

zu a:

	Seite
1. Guten Morgen (Bettübung)	94
2. Drehübung stehend nach dem Aufstehen	56
3. Streckübung	59

zu b:

1. Brustdehnung	61
2. Schulterlockerung	63
3. Kräftigungsübung für die Verdauungsorgane	90
4. Rückenentspannende Sitzübung	57

zu c:

1. Streckübung	59
2. Brustkorbentspannung	63
3. Entspannende Atemübungen (nach Wahl)	100
4. Korrektur und Kräftigung (nach Wahl)	72
5. Rückenstärkende Übung (nach Wahl) – Bauchlage	78
6. Energieaufladende Bewußtseinsübung	107

zu d: Seite

II. Vorschlag einer Übungsreihe für den Fortgeschrittenen

Übungsreihe:

a morgens vor dem Frühstück – mobilisierend und kreislaufanregend;
b in den Vormittagsstunden oder in einer Arbeitspause – lockernd und vitalisierend;
c nachmittags, empfehlenswert vor dem Abendessen – rückenkräftigende und nervenstärkende Übungen;
d Konzentrations- und Bewußtseinsübungen – zur Entspannung am Abend

zu a: Seite

zu b:

III. Vorschlag einer Übungsreihe nach anstrengender körperlicher Tätigkeit, zum Beispiel Gartenarbeit

Wir begehen fast immer den gleichen Fehler. Nach längerer körperlicher Tätigkeit – wie Gartenarbeit, Handarbeit, Hobbywerken oder auch nach einem ausgedehnten Stadtbummel – setzen wir uns schlaff hängend in einen Sessel und trinken Kaffee oder Tee. Sehr viel sinnvoller wäre es, dem Körper durch ein paar Übungen, die nicht länger dauern als zwei bis drei Minuten, neuen Schwung und Energie zu geben. Wenn wir unsere Faulheit nur einmal überwinden, können wir die rasche Verwandlung von Müdigkeit in Frische erspüren. Machen wir einmal den Versuch. Wir werden sehen: es lohnt sich!

Atmungs-Gebote

1. Atme nicht erst, wenn du schon atemlos geworden bist!
   – Denn das Herz muß dafür büßen, wenn es an richtiger Atmung mangelt!

2. Atme stets richtig!
   – Denn schon die geistige Einstellung zur bevorstehenden körperlichen Bewegung schafft die Voraussetzung der Harmonie in richtiger Atmung und Bewegung.

3. Atme stets genügend!
   – Denn das Angebot an Atemluft muß der Nachfrage der körperlichen Leistung entsprechen, es darf zu keinem Sauerstoffmangel kommen!

4. Begnüge dich nicht mit einem Minimum an Atemluft!
   – Denn wie das soziale Existenzminimum fast stets zur Verarmung, so führt ein Atemminimum fast stets zu schweren organischen Erkrankungen.

5. Denke bei jeder Gelegenheit an das Tiefatmen!
   – Ausatmen ist wichtiger als Einatmen, denn nach einer vollständigen Ausatmung folgt eine tiefe Einatmung von selbst.

6. Atme stets nur durch die Nase ein!
   – Denn nur so bekommt die Atemluft die richtige Temperatur; die aufgenommene Luft wird befeuchtet und von Staub und Krankheitserregern gereinigt. Der Organismus wird durch das Riechorgan vor der Aufnahme giftiger Stoffe gewarnt, die die Gesundheit gefährden. Außerdem entspannt die Nasenatmung unser Gehirn und regt die Geruchsnerven an.

Kapitel 15

Einige Anmerkungen zur gesunden Ernährung

Ausatmen – ausatmen – ausatmen – Pause – Einatmen! Das ist unser großer Atemrhythmus.

In der Einatmung haben wir das Erleben der Fülle: wie jede Zelle mit neuem Leben, mit Gesundheit und Heilkraft durchströmt wird. Wir erleben, wie wir mit unserer Einatmung teilnehmen am großen Atem der Natur und so dem Leben selbst begegnen. Atmen ist Leben.

In der Ausatmung dürfen wir alles abgeben – Fehlspannungen, Dinge, die uns krank machen, Belastungen und Schwächen. Alles dürfen wir loslassen und ausströmen lassen.

Wir tauchen ein in unseren Grund, locker, weich und in Geduld, die Atempause erwartend, bis wir den Beginn der neuen Einatmung hier unten erleben können und nun aufs neue uns der großen Kraft des Atems öffnen, um das Leben einzulassen. Wenn uns bewußt wird, daß wir unseren atmenden Körper intensiver erleben können und daß wir nicht mehr oberflächlich atmen, dann sind wir uns selbst der beste Freund geworden. Und einem guten Freund und Partner möchte man in keiner Weise schaden, man geht sorgfältig und achtsam mit ihm um. Ganz von allein wird sich dann die Frage nach gesunder Nahrung ergeben.

In den nachfolgenden Ausführungen zu einer gesunden Ernährung finden Sie Anregungen, um die tägliche Nahrung etwas sinnvoller zusammenzustellen oder anders zuzubereiten.

Atemtraining und Vollwertkost – Ernährung heute

Susanne Spachtholz, Ernährungswissenschaftlerin

Es besteht eine unmittelbare Abhängigkeit zwischen einer gesunden Ernährung und der Gesundheit, Leistungsfähigkeit und Arbeitskraft eines Menschen. Fehlerhafte Ernährung sowie Bewegungsmangel sind heute Hauptursachen für den Anstieg der sogenannten Wohlstandserkrankungen, nämlich Herz-, Gefäß- und Kreislaufleiden. Viele Menschen sterben heute an ernährungsabhängigen Erkrankungen.

Richtige Ernährung ist nicht nur für den kranken Menschen von großer Bedeutung, sondern sie ist bereits für den gesunden eine wichtige Voraussetzung für die persönliche Gesunderhaltung. Deshalb sollte jeder bemüht sein, Grundkenntnisse zu erwerben, um seine Ernährung quantitativ und vor allen Dingen auch qualitativ richtig zusammenzustellen. Die Nahrung muß alle energetischen und stofflichen Bedürfnisse des Organismus decken.

Man unterscheidet bei den Nahrungsbestandteilen zwischen Nährstoffen und Vitalstoffen.

Zu den Nährstoffen gehören die Kohlenhydrate, die Fette und die Eiweiße. Kohlenhydrate und Fette decken hauptsächlich den Energiebedarf für die Stoffwechselvorgänge: bei der Verdauung die Bildung von Verdauungssäften und die Regulierung der Körperfunktionen. Die Eiweiße werden zum Aufbau und zur Erhaltung der Körpersubstanz gebraucht. Aus ihnen werden auch die nötigen Enzyme aufgebaut, die die verschiedenen biochemischen Reaktionen (alle Stoffwechselvorgänge) erst ermöglichen.

Zu den Vitalstoffen zählt man die Vitamine und die Mineralstoffe, außerdem Fermente, ungesättigte Fettsäuren, Aromastoffe und Spurenelemente. Es sind Wirkstoffgruppen, die für die Erhaltung der Gesundheit notwendig sind. Die Vitamine können in unserem Organismus nicht oder nur zum Teil aufgebaut werden. Man ist also auf die regelmäßige und ausreichende Zufuhr von Vitaminen angewiesen.

Das leitende Prinzip bei dieser Ernährung ist die Frage, wieviel Lebenskraft das Lebensmittel enthält, das ich jetzt esse. Man sollte nicht nur die Nahrungsmittel mit dem schönsten Aussehen wählen, sondern solche mit den höchsten Nährwerten.

Man muß also bedenken: Ist diese Nahrung rein, unverfälscht und frei von schädlichen Zusätzen? Ist sie verfeinert und chemischen Prozessen unterzogen worden? Wie kann ich sie am besten zubereiten, damit die in ihr enthaltene Lebenskraft erhalten bleibt?

Daraus folgt ein wichtiges Prinzip: Die Nahrung sollte so wenig wie möglich bearbeitet sein und nicht mehr als nötig zerkleinert oder gekocht werden. In der Vollwerternährung wird die Erhaltung des ursprünglichen Wertes bei jedem Lebensmittel angestrebt und damit der Verzehr im höchstmöglichen Wertzustand. Dabei ist die Wahrscheinlichkeit groß, daß der Körper mit allen lebensnotwendigen Stoffen in ausreichender Menge versorgt wird. Denn bei jedem Bearbeitungsprozeß werden unweigerlich licht-, luft- und hitzeempfindliche Inhaltsstoffe (das betrifft ganz besonders die sehr empfindlichen Vitamine) mehr oder weniger zerstört. Daneben werden auch wichtige Begleitstoffe, beispielsweise die für die Verdauung notwendigen Ballaststoffe entfernt (wie Keim und Schalen bei Auszugsmehlen).

Konserven sollten in dieser Ernährung die Ausnahme sein. Obgleich das Konservieren von Lebensmitteln durchaus sinnvoll ist, zum Beispiel um die anfallende Ernte vor dem Verderb zu schützen, gilt doch im allgemeinen der Grundsatz: »Laßt die Nahrung so natürlich wie möglich«, das heißt, eßt die Lebensmittel so frisch wie möglich. Dabei werden selbstverständlich alle heute bekannten Maßnahmen berücksichtigt, die aus toxikologischen, hygienischen und ernährungsphysiologischen Gründen erforderlich sind.

Grundlage der Ernährung sollte das Getreide in Form von Vollkorngerichten, Vollkornbrot und Backwaren aus Vollkorn sein. Vollkorn ist eine gute Quelle für Protein, Vitamine und Mineralstoffe. Es enthält alle Vitamine der B-Gruppe in größerer Menge. Brot aus normalem Weizenmehl (zum Beispiel Type 405) ist relativ wertlos. Das Mehl wurde verfeinert, die dunklen Bestandteile herausgezogen. Es fehlen Frucht- und Samenschale mit den wichtigen Vitaminen, Mineralstoffen und vor allen Dingen den zur Verdauung notwendigen Ballaststoffen. Außerdem fehlt der Keimling mit den wichtigen ungesättigten Fettsäuren. Ohne die natürlichen nahrhaften Bestandteile kann weißes Mehl zu einem Übermaß an Säure im Körper führen. Da auch die notwendigen Stoffe zum Anregen der Verdauung fehlen, kann es zur Verstopfung führen. Es kommt zu Vitamin-B 1-Mangel, da dieses Vitamin dem Körper entzogen werden muß, um die zugeführten Kohlenhydrate verdauen zu können. Das Mehl wird deshalb heute schon oft mit Vitamin B 1 angereichert, jedoch kann dieses zugeführte künstlich hergestellte Vitamin von unserem Organismus nicht voll resorbiert werden.

Bei Reis ist es genau das gleiche. Brauner Naturreis sieht zwar nicht so schön aus wie der geschälte weiße Reis, aber er enthält noch alle wichtigen Bestandteile, die in der Silberhaut enthalten sind. Nur das ganze Korn besitzt noch alle notwendigen voll verwertbaren Bestandteile.

Ergänzt werden die Getreideprodukte durch Hülsenfrüchte, Milch und Milchprodukte, Käse, Ei oder gelegentlich Fleisch oder Fisch.

Wichtiger Bestandteil jeder Mahlzeit ist Frischgemüse, in Form von Salat und Obst. Gekochtes Gemüse sollten Sie möglichst wertschonend und nur so lange mit wenig Wasser dünsten, daß es noch bißfest ist. Wenn das Gemüse in zuviel Wasser zu lange hoher Hitze ausgesetzt wird, zerfallen die Proteine, Vitamine und die meisten wichtigen Bestandteile. Sie befinden sich dann im Kochwasser und werden meistens auch noch weggeschüttet. Am besten ist es, wenn man das Gemüse gar nicht kocht, sondern es in seinem rohen, natürlichen Zustand beläßt.

Als frische Salate eignen sich nahezu alle Gemüsearten (Hülsenfrüchte ausgenommen; diese müssen mindestens zehn Minuten kochen, um giftige Bestandteile unschädlich zu machen und das Gericht leichter verdaulich). Bei der Auswahl sollten Sie sich nach dem jahreszeitlichen Angebot richten. Nur so kann gewährleistet werden, daß ohne erheblichen Einsatz chemischer Pflanzenbehandlungsmittel die Früchte natürlich ausreifen, einen hohen Gehalt an wertgebenden Inhaltsstoffen haben und ein besseres Aroma aufweisen.

Bei der Gemüsefrischkost sollte man alle Pflanzenteile berücksichtigen, also Blätter, Stengel und Wurzeln.

Für die Salatsoße eignen sich reiner Obstessig, Zitronensaft oder Milchprodukte. Setzen Sie dem Salat Bioghurt zu, der ist sehr bekömmlich und fördert die Verdauung. Gewürzt werden kann mit Zwiebeln, frischen oder getrockneten Kräutern oder mit Obst und Nüssen. Salz muß nicht unbedingt verwendet werden. Frischkost sollte bei jeder Mahlzeit vor der erhitzten Nahrung gegessen werden. Salat ist kalorienarm und füllt schon den Magen. Außerdem sind in ihm wertvolle, verdauungsfördernde Eigenfermente enthalten.

Gründliches und ausgiebiges Kauen ohne Hast und Zeitdruck ist außerordentlich wichtig für die Bekömmlichkeit der Speisen.

Zur Frischkost gehören neben Gemüse und Obst eine Reihe anderer Lebensmittel, die ebenfalls nicht der Hitze ausgesetzt werden, wie zum Beispiel gekeimte und eingeweichte Getreide, Nüsse, Kräuter sowie milchsaure Gemüse.

Größere Mengen isolierter Zucker (Haushaltszucker) und auch größere Mengen Honig sind unnötig und unerwünscht. Zucker und Honig sind wie Gewürze zu handhaben und sollten ebenso wie Speisesalz sparsam verwendet werden.

Gespart werden sollte – insbesondere bei angestrebter Gewichtsabnahme – bei Fetten; man bevorzugt naturbelassene Fette und Öle. Den gebratenen Speisen sollten gekochte Getreidegerichte vorgezogen werden. Gemüse kann zum Beispiel erst ohne Fett gedünstet und anschließend mit einem Stich Butter verfeinert werden. Süßspeisen können auch ohne Sahne zubereitet werden. Brot braucht nur dünn mit Streichfett bestrichen werden, wenn ohnehin Belag verwendet wird.

Man sieht also, daß man seine Ernährungsgewohnheiten gar nicht vollständig umstellen muß, sondern daß man nur einige wesentliche Dinge zu ändern braucht. Am besten wäre es, wenn man nach einer Heilfastenwoche damit beginnen würde. Man könnte dann ganz objektiv über seine bisherige Ernährung nachdenken und versuchen, das Ganze nach den Grundsätzen der Vollwerternährung einzurichten.

Die wesentlichen Prinzipien sind (nach Kollath):

Das Ganze ist mehr als seine Teile.
Die Nahrung soll so naturbelassen wie möglich sein.
Die Nahrung soll so frisch wie möglich sein.

Wenn sich Ihr Körper auf eine ausgeglichene und natürliche Ernährung eingestellt hat, wird sich das Bedürfnis nach minderwertigeren Nahrungsmitteln verlieren. Sie werden sie einfach nicht mehr mögen.

Die Nahrungsmittel geben den Grundstoff zur Lebenskraft. Wenn diese in Ihnen erwacht und auch auf die Menschen in Ihrer Umgebung ausstrahlt, haben Sie keine besonderen Wünsche mehr nach Dingen, die Sie nicht brauchen.

Ein gesundes Tagesprogramm mit Atemtraining und Vollwertkost

Barbara Spachtholz

Schon im Bett ganz bewußt mit gründlichem Dehnen, Rekeln und Strecken beginnen. Das regt die Atmung an, mobilisiert die Wirbelsäule und fördert die Verdauung.

Mit einem Glas Wasser oder einer Tasse Kräutertee – man kann das (mit einem Zitronenschnitz darin) abends schon vorbereiten – wecken wir die Leber sanfter als mit einer Tasse Kaffee.

Die »Guten-Morgen-Übung« kann durch anschließende Standübungen, Vor- und Seitbeugen, Drehen des Körpers und eine kreislauffördernde Atemübung mit Reinigungswirkung ergänzt werden.

Atem-Übung mit reinigender und auffrischender Wirkung

Ausführung: Aufrecht stehen durch leichten Fußdruck zum Boden; das Becken und den Rücken aufrichten – tief ausatmen – Atempause – Einatemimpuls.

Nun die Arme seitwärts anheben, dabei durch die Nase einatmen, den Unterkiefer und den Hals locker und entspannt halten. Auf den Laut ha, ha, ha, ha, ha ausatmen (kräftig ausstoßen), den Oberkörper dabei rasch vor und nach unten beugen, anschließend durch die Nase wieder einatmend den Oberkörper mit angehobenen Armen aufrichten; die Arme senken und sich entspannen. Achten wir darauf, daß wir von unserer neugewonnenen Größe nichts mehr hergeben.

Die Mahlzeiten

Susanne Spachtholz

Das gesunde Frühstück

Das Frühstück ist besonderes wichtig für den Tagesablauf. Zu einem ernährungsphysiologisch ausgewogenen Frühstück gehören: Vollkornerzeugnisse (Backwerk, frisch gekeimtes Getreide, Vollkornschrot oder Flocken), frisches Obst und Rohgemüse, Milchprodukte, Säfte und Nüsse.

Beispiel:

Müsli (Bircher) oder Frischkornbrei (Kollath) oder Vollkornbrot, Käse, Konfitüre (möglichst mit wenig Fabrikzukker), Kaffee (möglichst koffeinfrei) oder Schwarz- oder Kräutertee, ein Glas Saft (Frucht oder Gemüse), Butter.

Rezept:

Frischkornbrei (für eine Person): 2 EL Vollkorn (Mischung Roggen und Weizen), 8 EL Wasser, 100 g Obst (je nach Jahreszeit), 1 Dattel oder Rosinen, Nüsse, 1 EL Honig.

Getreide am Abend mit der Mühle grob schroten, über Nacht in 5 EL Wasser einweichen, Dattel oder Rosinen zerkleinern, in 3 EL Wasser einweichen. Morgens mit geraffeltem Obst und anderen Zutaten vermengen.

Vor dem zweiten Frühstück empfehlen sich wieder einige Atemtrainingsübungen wie die Tiefatmung sowie eine Bewußtseinsübung in Rückenlage oder in einer Sitzhaltung.

Zweites Frühstück

1 Scheibe Vollkornbrot oder Knäckebrot, Kräuterquark, Obst oder Rohkost, zum Beispiel: Tomaten, Kresse-Brot oder Möhrenbrot.

Kurz vor dem Mittagessen stärken wir einige Minuten unsere Lenden-, Bauch- und Brustmuskulatur. Wählen wir einige Übungen aus dem Kapitel 6, S. 72. Wichtig ist die Ausführung der Grundübung.

Mittagessen

Auf das Mittagessen haben viele Menschen keinen Einfluß, da sie häufig auf Kantinen oder Restaurants angewiesen sind. Man sollte trotzdem darauf achten, daß man immer eine Rohkostvorspeise vor dem Mittagessen zu sich nimmt, Salatvorspeise oder ein Stück Obst. Hier muß dann die Mahlzeit am Abend einen Ausgleich schaffen. Für Menschen, die zu Hause essen, empfiehlt sich: Rohkostvorspeise, ein- bis zweimal in der Woche Fleisch oder Fisch, gekochte Getreidespeisen, Gemüse in allen Variationen (je nach Jahreszeit).

Eine Ruhepause nach unserem Mittagessen läßt sich wunderbar mit der Atemrollkur verbinden (Kapitel 13, S. 105).

Kleine Zwischenmahlzeit am Nachmittag

Beispiel:

Etwas Obst, Vollkornkeks, Müsliriegel.

Vor dem Abendessen können wir auch noch einige revitalisierende Atemübungen aus dem Kapitel 9, S. 92 (Bauchmuskelkontrolle) oder die „Ägyptische Reihe“ zur Nervenharmonisierung von S. 84 durchführen.

Abendessen

Das Abendessen sollte nicht schwer belasten und auch nicht zu spät am Abend stattfinden (der Darm braucht die Ruhepause in der Nacht).

Beispiel:

Käse, Quark (mit Kräutern), Gemüsesaft (Möhren- oder Tomatensaft), Gemüse-Rohkost (Tomaten, Möhren, Selleriesalat), Obst, zum Beispiel Kiwis, eine Scheibe Vollkornbrot, auch als überbackener Toast, ein Glas herben Wein.

Wenn wir den Tag harmonisch beschließen wollen, halten wir mit einer besinnlichen Meditation (wie auf S. 115 beschrieben) Tagesrückschau.

Die »Gute-Nacht-Übungen« (S. 96) beenden unseren gesunden Tag.

Abbildungsverzeichnis

Literaturverzeichnis

Calany, E.: Neue Wege der Lebensmeisterung
Heinrich Schwab Verlag, Argenbühl-Eglofstal, 1961

Douglas, Dr. med. Th.: Atme dich gesund
Heinrich Schwab Verlag, Argenbühl-Eglofstal, V. Aufl. 1985

Glaser, V.: Sinnvolles Atmen
Dr. Georg Lüttge Verlag, Berlin, 1957

Hart, A.: Yoga Praxis
Herder Verlag, Freiburg/Br., 1978

Helmel, H.: Gesundheitsbrevier
Heinrich Schwab Verlag, Argenbühl-Eglofstal, 1980

Helmel, H.: Steigere deine Lebens-, Nerven- und Heilkraft mit Vokal-, Stimm- und Sprech-Atemübungen
Heinrich Schwab Verlag, Argenbühl-Eglofstal, V. Aufl. 1978

Hewitt, J.: Entspannungstechniken
Heyne Verlag, München, 1985

Hornung, E.: Wege zur Selbstentfaltung, Atmung–Entspannung, Konzentration
Heinrich Schwab Verlag, Argenbühl-Eglofstal, 1957

Jacobsen, E.: Lassen Sie sich Zeit
Taylorix, Stuttgart, 1977

Keller, Dr. med. A.: Wie man Angst und Sorgen überwindet
Heinrich Schwab Verlag, Argenbühl-Eglofstal, 1966

Rauch, E.: Das Atembuch für Sie
Heinrich Schwab Verlag, Argenbühl-Eglofstal, 1964

Riemkasten, F.: Das Atembuch
Heinrich Schwab Verlag, Argenbühl-Eglofstal, VII. Aufl. 1981

Wolf, K.: Integrale Atemschulung
Humata Verlag, Salzburg, 1981

Liebe Freunde des Atemtrainings!

Nun haben Sie sich sicher von den für Sie gesundheitlichen Vorteilen des Atemtrainings überzeugen können, und einige der aufbauenden Übungen für Körper und Geist gehören schon fest in ihr Alltagsprogramm.

Als zusätzliche Hilfe wurde zu diesem Buch „Atemtraining für jedermann“ eine Kassette geschaffen!

Sie bietet auf der *Seite I* die Hilfestellung zur aufrechten Haltung als Schlüssel zur richtigen Atmung und sorgt durch muskellockernde und entspannende Übungen für die richtige Durchblutung unseres Körpers; sie dient somit auch der gesunden Beweglichkeit der Wirbelsäule.

Auf der *Seite II* hören Sie die Anleitungen zur Atembewußtseinsschulung. Außerdem sorgt eine bewährte Übungsreihe für die Stimulierung unseres Zentralnervensystems und die Entwicklung der Sinne. Eine abschließende Tiefenentspannungsübung stellt die Harmonie und innere Ruhe wieder her und reguliert auf gesunde Weise unsere Nerven.

Diese Kassette ist ebenfalls im Heinrich Schwab Verlag erhältlich. Der Preis beträgt DM 24,–.

Ihre

Barbara Spachtholz

Kassette